당신만의 삶을 응원합니다.

For your everlasting elegance!

우아하게 저항하라

우아하게 저항하라

초판 1쇄 2020년 6월 12일

지은이 | 조주희

발행인 | 이상언
제작총괄 | 이정아
편집장 | 조한별
마케팅 | 김주희 김다은

디자인 | Design co*kkiri
진행 | 조창원
사진(표지·본문 6, 7, 11) | KT KIM 케이티 김
메이크업·헤어 | 권선영 윤혜선

발행처 | 중앙일보플러스(주)
주소 | (04517) 서울시 중구 통일로 86 4층
등록 | 2008년 1월 25일 제2014-000178호
판매 | 1588-0950
제작 | (02) 6416-3950
홈페이지 | www.joongangbooks.co.kr
네이버 포스트 | post.naver.com/joongangbooks
인스타그램 | @j_books

ISBN 978-89-278-1119-0 03190

중앙북스는 중앙일보플러스(주)의 단행본 출판 브랜드입니다.

우아하게 저항하라

나를 지키고 이끄는 삶을 위한 가장 현실적인 조언

 조주희 지음

중앙books

우리는 모두
아름다운 레지스탕스다

첫 책 《아름답게 욕망하라》를 낸 지 벌써 10년이 흘렀다. 책을 출간한 후 많은 독자들을 만났는데 그중에는 나를 롤모델로 삼고 싶다는 어린 친구들도 있었고, '내 딸도 당신처럼 키우고 싶다'는 감사한 말을 남긴 어머니 독자도 있었으며, 의외로 남성 독자들의 반응이 좋아 더욱 의미가 깊기도 했다.

사실 두 번째 책을 쓰게 되리라곤 생각도 못했다. 다만 시간이 흐르며 내 책을 읽은 많은 독자들에게 사회에서 마주치는 불합리한 상황들을 극복해나가는 방법에 대한 질문을 지속적으로 받으며 두 번째 책, 《우아하게 저항하라》를 구상하게 됐다.

전작에서는 내 삶을 지치지 않게 이끌어준 '현명한 욕심'인 '아름다운 욕망'에 대해 이야기했다. 더 나은 사람이 되기를 순수하게 꿈꾸고 노력하는 건강한 욕망은 내 삶의 원동력이 되었고, 그렇게 쌓아온 내 삶과 커리어는 아주 단단해졌다. 이번 책에서는 20년 넘게 아시아를 커버하는 미국 방송사의 특파원 겸 지국장으로 취재활동을 하면서 느꼈던 차별과 모순을 어떻게 극복하며 긍정적 에너지로 발전시킬 수 있었는지에 대해 이야기하고자 한다. 특히 사회에서 저마다의 역할을 하는 여성들이 마주치는 불합리한 상황들을 현명하고 유연하게 극복해나가는 구체적인 방법과 보이지 않는 선을 끊임없이 제시하는 사회에 적절히 대응하고 때론 '우아하게' 저항하는 법을 이 책을 읽는 남녀 모든 독자와 나누고 싶다.

역사는 끊임없는 저항을 통해 방향을 수없이 틀고 명맥을 이어간다. 그 수많은 저항이 없었다면, 현재 우리가 의식조차 하지 않고 누리는 권리와 행복 역시 없었을 것이다.

특히 여성의 지위와 역할은 과거에 비해 크게 변화했고, 현재도 계속 발전하고 있다. 그러나 예전처럼 노골적인 차별이 아닐지라도 무의식적이고 교묘한 차별과 속박은 여전하다. 이런 과정을 여성 언론인의 눈으로 지켜보면서 때론 답답하기도 했고, 나 또한 당장 명쾌한 답을 내거나 해결할 수 없으니 그저 가슴으로 응원하기도 했다. 그 과정에서 한 가지 해답을 얻었다. 울고, 싸우고, 다치는 것보다는 유연하게 설득하여 내가 원하는 결과, 결론에 도달하는 것이 우리네 긴 인생을 버티고 이끌어갈 수 있는 좋은 방법이라는 것이다.

그 구체적인 방법을 이 책에 소개했다. 여성으로서 다른 문화, 다른 성별 사이를 줄타기하며 밸런스를 맞추는 법, 사회와 가정에서 그리고 이익집단에서 현명하게 대응하며 영민하게 살아가는 법, 나를 사랑하는 만큼 주변을 돌아보고 사랑하며 연대하는 법을 비롯해 글로벌 시대에 어떤 마음가짐을 가지고, 변화할 미래에 대처할 것인지에 대해 담았다. 마지막으로 나이 먹는 것을 두려워 말고 아름답게 받아들이고 자신만의 아름다움을 꾸준히 관리하는 나만의 웰에이징의 철학도 살짝 공유했다.

우리가 지금부터 당장 시작해야 하는 것은 유연하고 우아한 저항이다. 여성의 권리를 주장하는 구호를 외치는 것도 물론 중요하지만, 그 이전에 일상에서 각자의 방식으로 작은 저항을 꾸준히 쌓아가다 보면 우리는 어느새 역사의 새로운 물결을 만들어낼 수 있을 거라 믿는다.

돌이켜보면 내 20대와 30대는 몹시 치열했다. 20대는 앞으로 나아갈 길을 정하는 시기였다. 수많은 꿈과 선택권 중에 내가 원하고 잘하는 일을 찾아 방향을 설정하느라 분주했다. 그렇게 정한 길을 30대부터 미친듯이 앞으로 달려갔다.
흔들리고 좌절하던 때도 많았지만 매번 나를 살린 것은 바로 '나 자신'이었다. 늘 내가 어디쯤 서 있는지를 정확히 알고, 중심을 바로잡고 걸어 나갈 수 있는 내면의 용기와 힘, 그리고 험난한 외부 상황에 좌절하고 무너지기보다 현명하게 대응하고 대처하는 '유연함'에 답이 있었다. 외부의 공격에 정면 승부하기보다 지혜롭게 방어하는 유연함이 바로 나 자신을 제대로, 또 장기적으로 지키는 방법이었던 것이다.

편견이나 차별을 이기는 가장 좋은 방법은 스스로가 우선 단단해야 한다. 편견과 차별에 의연하게 대처하기 위해서는 무엇보다 스스로의 삶의 목표와 가치관이 뚜렷해야 한다. 우리가 여성으로 살며 겪게 되는 무수한 차별과 불합리함에도, 나 스스로 떳떳하고 당당할 수 있다면 이에 현명하게 대응하며 맞설 수 있고, 결국에는 뛰어넘을 수 있다. 그 이후에는 이전보다 한층 여유로운 마음으로 세상을 받아들이고, 즐길 수 있게 될 것이다.

세월은 놀랍게도 빠르게 흘러 얼마 전 나는 아름다운 반백 살을 맞이했다. 한국 사회와 세계의 변화 속에서 직업인으로서, 여성으로서 부딪히며 얻은 것들을 저마다의 길을 열심히 걸어가는 수많은 독자들과 나누고 싶다. 이번 책을 통해 좀 더 먼저 인생을 걸어가고 있는 사람으로서 후배들에게 작은 도움이 되고, 나의 진심이 많은 독자들에게 가 닿았으면 한다.

이 무법천지인 사회에서
아름답고 우아한 레지스탕스로
당당하게 살아갈 당신을
언제까지나 응원한다.

2020년, 조주희

Contents

Chapter 3. 경쟁하기보다 아름답게 연대하라

Chapter 4. 세계 속의 나, 변화와 성장을 거듭하라

Chapter 5. 일과 삶의 밸런스를 지켜라

Chapter 1.

'선'을 넘나든다는 것

상대방이 내가 그어둔 선을 넘으면 어떻게 대응하고 방어해야 할까?
나는 차별에 대처하는 나름의 프로세스를 가지고 있다. 입으로는 미소를 짓되
눈으로는 경계를 늦추지 않고 나의 모든 감각을 날카롭게 세운다.

외신기자는 밤낮이 없다.

북한을 둘러싼 정세가 긴박하게 돌아갈 때는

어떤 사적 일정이 있어도 현장에 투입된다.

지난 30년간 총 다섯 명의 대통령이 취임하는 것을 봐왔다.
분명 십수 년 전의 그때와 지금을 비교하면
여성 기자에 대한 차별이 많이 없어졌고, 기회도 더 주어지고 있다.

2018년 남북 정상회담 취재 현장에서

2013년 서울대학교에서 열린 에릭 슈미트 구글 회장과의 대담.
'어떻게 미래를 준비할지(How to Prepare for What's Next)'에 대해 이야기를 나눴다.

여성 기자로 산다는 것
Dealing with prejudice

한국을 떠나 미국에서 공부하고, 미국과 홍콩, 싱가포르에서 아시아 지역을 다루는 언론인으로 일하며 소수민족으로서, 또 여성으로서 부닥치는 수많은 장벽을 나름대로 노력해 극복해왔다고 생각했다. 그러나 한반도 이슈에 대한 국제적 관심이 높아져 서울에 주재하게 되어, 10여 년 만에 돌아온 고국은 내게 예상치 못했던 또 다른 벽을 느끼게 했다.

가장 큰 차이는 기자라는 직업을 보는 관점이었다. 외국의 경우 사석에서 '나의 직업은 기자'라고 밝히면, 제일 먼저 묻는 질문은 대개 '어떤 분야의 기사를 다루느냐, 최근에 가장 이슈가 된 기사는 뭐냐'인 데 비해 한국에서는 '어떻게 해서 기자가 되었느냐, 직원은 몇 명이냐'라는 질문이 주를 이룬다. 전자는 '언론사의 국장급으로 보이지 않는 외모'에 대한 의구심에다 '여자인데' 어찌 외신기자를 하는지, 어떻게 한국에서 미국의 거대 방송사인 ABC 뉴스를 대표하는 지국장의 자리에까지 올랐는지에 대한 궁금증을 내포한 것이다. 후자는 나의 정확한 위치와 회사의 규모를 가늠하기 위한 질문일 것이다.

결국 기자로서 무엇을 하는지를 궁금해하기보다는 나라는 사람이 기자로서 사회적 위치가 어떻게 되는지를 판단하려는 뻔한 속내랄까. 그러다 대화가 이어지게 되고, 대화의 말미로 가면 나이와 혼인 여부, 심지어는 '기자 오래 해서 지금까지 얼마나 벌었느냐, 현재 수입이 얼마나 되느냐'라는 민감하고 개인적인 질문마저 화제로 떠오르곤 했다.

여성 기자에 대한 시선도 달랐다. 지금은 많이 개선된 편이지만, 내가 느낀 바로는 한국에서는 여성보다는 남성 기자를 더 신뢰하는 사회 분위기가 명확히 보인다. 불과 몇 년 전까지만 해도 여성인 데다 나이가 어려 보이거나 경력이 짧은 기자는 상대하기를 꺼리는 취재원도 종종 접했다. 여자인데 어리기까지 한 상대를 '프로페셔널'로 인정하기 어려운 소셜 스티그마(social stigma), 즉 낙인효과 때문인지도 모르겠다. 어찌 됐건 한국에 돌아온 후 이전에는 느껴보지 못한 묘한 선 긋기의 감정이 항상 성가신 스트레스가 되었다.

작년에 겪었던 웃지 못할 일화도 떠오른다. 한 국제 컨퍼런스에 참석했다가 소위 말해 '높으신 분'과 인사를 하게 되었다. 그 룸에는 컨퍼런스에 참가하는 연설자들과 토론을 진행하는 모더레이터들만 모여 네트워킹하며 담소를 나누고 포럼 준비를 하고 있었다. 으레 처음 만난 사람끼리 하듯 서로 명함을 주고받으며 자기소개도 하던 차였는데, 그 높으신 분을 보좌하고 있던 부하직원이 내게 명함을 건네며 "이분은 ○○○이십니다"라며 먼저 운을 뗐다. 내심 왜 본인이 직접 명함을 들고 다니지 않는지 이상하긴 했지만 나는 당연히 그분에게 직접 명함을 드리면서 "안녕하십니까, ABC 뉴스 조주희입니다"라고 인사를 건넸다. 그런데 그분의 대답은 딱 한마디, "그래"였다. 아주 짧고 끝을 내린 한마디, "그래".

너무 황당하고 어이가 없어서 아무 말 없이 그분 눈만 고요하게 노려보았더니 옆에 보좌하던 분이 더 당황하며 '어려 보여서 몰라봤다'며 수습하려고 애를 썼고, 그 높으신 분은 서둘러 자리를 떴다. 내 나이 쉰에 어려 보여서 몰라봤다는 말이 과연 농담 섞인 칭찬으로 들렸을까? 상당히 불쾌했다. 설사 어린 기자였다고 하더라도 그 짧은 한마디, "그래"라는 응답이 얼마나 무례한 것인지 그 '높으신' 분은 아직도 자각하지 못하고 있을 듯싶다.

두 번의 대통령 신년 기자회견

지금도 가끔 이렇게 황당한 일을 겪는데 20~30대 때는 오죽했겠는가. 이전 책에도 소개했지만, 그 시절의 사회 분위기를 대표적으로 보여주는 사건이 있었다. 〈워싱턴포스트〉의 특파원으로서 당시 대통령의 취임 후 첫 외신 인터뷰를 했을 때의 일이다. 청와대에 도착했는데 함께 간 미국 본사 사장과 아시아지국장만을 인터뷰 석상에 앉히고, 나는 기자석이 아닌, 비서관 자리에 물러나 있으라고 하는 게 아닌가. 그 때문에 약간의 실랑이가 벌어졌는데 나는 당당하게 모두가 다 들을 정도의 큰 목소리로 내가 앉을 자리를 주장했고, 사장과 동료도 모두 내 입장을 대변해주었기에 특파원으로서의 자리를 지키며 인터뷰를 마칠 수 있었다. 기자로서 얻을 수 있는 당연한 권리조차 큰 소리를 내어야 겨우 가질 수 있었던 그때, 사장이 나를 다독이며 한 말이 아직도 기억에 남는다.

"당신이 이런 압력에도 불구하고 워싱턴포스트의 기자로서 당당하게 대응한 것이 무척 자랑스럽다."

그런데 얼마 전 지인을 통해 나를 만나고 싶어 하는 사람이 있다는 연락을 받았다. 누구인지 물어보니 그 대통령 취임 인터뷰 자리에 비서관으로 동석했던 분이라는 것이다. 그 당시 나의 모습에 감동받았고, 언젠가 꼭 만나서 그때의 감정을 전해주고 싶다고 했단다. 세월이 이렇게나 지났는데도 나를 기억해주고, 만나고 싶다는 사람이 있다는 것이 너무 고마웠다. 동시에 나의 권리를 당당하게 주장했던 그 시절의 내가 기특하게 느껴지기도 했다.

같은 외신기자 출신이기도 한 그녀와 만나서 즐거운 저녁식사를 했다. 마치 평소에 친하게 지내던 기자 선배를 만난 기분이었고, 이런 우연이 또 있나 싶어 반가웠다. 소탈하면서도 우아한 매력이 풍기는 그녀는 카랑카랑한 매력적인 목소리가 특히 인상적이었다.

그녀는 당시 "나도 질문자로 왔다"고 당당하게 말하며 버티다가 결국 대통령과 마주 앉은 내 모습을 보고 놀란 동시에 굉장히 통쾌했다고 한다. 우리는 한국에서 여성 외신기자로 일하는 것이 얼마나 힘든 싸움인지, 또 정치적이고 고지식한 한국 사회에서 겪었던 에피소드들을 주고받으며 한참 수다를 떨었다. 그 당시 고압적인 자세로 나를 꾸짖다시피 했던 남자 스태프에 관한 이야기도 나왔다. 키가 굉장히 크고 목소리도 우렁찼던 것 외에 외모는 기억이 가물가물했다. 그는 당시 의전비서관이었다고 한다. 평소에도 다소 무뚝뚝한 편이고, 외신과의 경험이 많지 않아 상황 대응에 서투른 사람이라 그랬을 거라는 이야기를 듣기도 했다. 당시 나를 뒷자리에 앉히려던 비서진의 실례를 수습하고 앞자리로 바로잡아준 사람은 다름 아닌 대통령이었다. 대통령은 인터뷰가 시작되자 보란 듯이 나의 질문에 정성껏 응답해주었다. 지금도 그 상황을 떠올리면 맡은 임무와 능력을 떠나 단지 여자라서, 뒤로 물리려 했던 그 비서관의 모습이 처연하게 느껴진다.

응당 여자는 높은 자리, 중요한 자리에 있지 않다고 가정해버리는 사회적 편견, 일자리에서는 남자들의 맨 뒷자리에 여자를 앉히면서도 접대 자리에서는 꼭 남성인 주요 인물의 옆자리에 여성을 배치하는 이율배반적이고 불평등한 관습과 문화는 지난 25년간 내 안의 작은 오기와 큰 저항심을 잔잔히 끓어오르게 했다. 당시 내가 떠난 후, 청와대에서는 외신기자를 대하는 글로벌 매너를 기본적으로 갖추어야 한다는 자성의 목소리가 한동안 컸다고 한다.

그로부터 십수 년이 흘러 나는 다시 새로운 대통령(현 정부)

의 신년 기자회견에 참석하게 되었다. 하필 전날 새벽까지 일을 하다 늦잠을 자는 바람에 젖은 머리로 화장도 못한 채 황급히 청와대 춘추관에 도착했는데, 새로운 자유질문 형식으로 회견을 한다고 했다. 그러자 내외신 기자들 사이에는 서로 질문을 하려고 경쟁이 붙었다. 대통령은 그날 앞자리와 뒷자리에 골고루 질문자를 지정하는 배려를 보였는데, 마침 중간쯤에 앉아 있던 나와 눈이 마주쳤다. 지목을 받고 당시 묻고 싶었던 두 가지 질문을 던졌다.

"안녕하세요. 미국 ABC 뉴스 조주희 기자입니다. 조금 어려운 질문이 될 수도 있겠는데요. 미국은 한국의 가장 가까운 동맹국가고, 또 북한은 한국의 형제국가 아닙니까? 그런데 미북 간 양보 없는 대치 상황 속에서 이전에는 한국이 위협 받는 상황에서 미국이 한국을 도와주는 포지션이었다면 이제는 북한이 직접 미국을 겨냥하며 협박할 수 있는, 그런 시대가 왔습니다. 그런데 이게 양자택일을 할 수 있는 문제인지 모르겠지만 미북 간 갈등 상황이 일어나면 한국은 어떻게 포지셔닝을 할 것인지 궁금해하는 미국인들이 꽤 많습니다. 거기에 대해서 대통령께서 어떻게 생각하시는지 한 말씀 해주십시오."

당시 한반도를 둘러싼 북핵의 위협이 지속되고 있는 가운데, 미국에서는 우방이라고 생각했던 한국 정부가 친북정책을 발표하고, 북한에 손을 내미는 것을 의아해하는 분위기가 짙었기 때문에 이에 대해 단도직입적으로 질문을 했다. 대답하기 민감한 문제일 수도 있고, 양자택일을 할 수 없는 문제일지라도 기자는 대중이 궁금해하고 답이 필요한 질문은 주저 없이 던져야 하기 때문이다.

대통령은 이렇게 답변했다.

"저는 안보에 관해서 한국과 미국은 오랜 동맹국가이기도 하지만, 또 안보에 관한 이해를 함께 공유하고 있다고 생각합니다. 북한의 핵과 미사일에 대해서 위협을 느끼는 것도 한국과 미국 마찬가지입니다. 그래서 한미 양국은 대단히 긴밀하게 공조하면서 북한 핵문제에 대응해왔습니다. 또 그러면서 아까 말씀드린 대로 강도 높은 제재와 압박을 국제사회와 함께 해 나가면서, 그러나 그 궁극의 목표는 북한을 대화로 이끌어내서 외교적인 해법을 강구하는 것이다, 라는 것을 분명히 했습니다. 이게 미국이 주도했던 제재와 압박의 효과일 수도 있습니다. 남북 간에 대화가 시작되었습니다. 이 대화를 남북관계 개선의 계기로 삼고 나아가서는 또 북핵 문제를 대화를 통해서 해결하는 그런 계기로 발전시켜나가려고 합니다. 그에 대해서 미국과 아무런 이견이 없다, 그래서 미국도 이번 남북대화에 대해서 전폭적으로 지지하면서 이것이 북핵 문제 해결에도 도움이 되길 바란다는 뜻을 함께 표명을 하고 있는 것입니다."

이 회견은 생방송으로 진행된 이례적인 자유질문 형식이었기에 특히 SNS에서 많은 관심을 보였다. 당시 나는 BBC 로라 베이커 기자, WP 안나 파이필드 기자와 함께 유튜브 트렌딩 순위와 네이버 및 다음 포털사이트 검색어에 외신 여성기자들의 날카로운 질문들이라며 화제에 올랐고, 주변 지인들에게 내 이름이 온라인에 도배되었다는 메시지가 빗발쳤다. 뉴스와 각종 게시물 댓글을 살펴보니 질문은 잘했는데 대통령 답변이 영 아니었다는 요지의 심한 말을 하는 사람들도 많았고, 정치적으로 양분되어 엄청난 댓글들이 있었다.

당시 내가 던진 질문의 저의를 궁금해하던 사람들도 많았다. 이에 대해 한 번도 공식적으로 밝힌 적은 없었는데 이 책을 통해 처음으로 밝히자면, 일단 나의 질문에 대해 대통령은대통령 입장에서 외교적으로 최선이자 가장 적합한 답을 주었다고 생각한다. 기자와 취재원의 관계란 그런 거다. 민주주의의 기본은 언론의 자유고, 기자는 어떤 질문도 당당하게 할 수 있어야 하며, 취재원은 방어하는 입장에서 피할 건 피하면서, 그렇지만 질문에 소홀하다는 느낌을 주지 않으면서 대답하는 것이 바람직하고 건강한 질의응답이다. 내가 원하는 답을 주지 않는다고 해서 그게 나쁜 대답은 아니라는 뜻이다. 그러니 나의 솔직한 질문에 대해 대통령으로서, 그 나름대로의 대응할 수 있는 답변을 했다고 생각한다.

지난 30년간 한국 관련 뉴스를 취재하면서 총 다섯 명의 대통령이 취임하는 것을 보았고, 한국 사회의 변화도 지켜보았다. 분명 십수 년 전의 그때와 지금을 비교하면 여성 기자에 대한 차별이 많이 없어졌고, 기회도 더 주어지고 있다. 과거에는 여성 기자가 '감히' 대통령과 같은 테이블에 앉아 질문한다는 게 용인되기 어려운 사회적 분위기였다면, 이제는 여성 기자가 대통령에게 조금 까다로운 질문을 던져도 어색하거나 비난받지 않는 분위기다. 이런 변화가 참 다행이고, '점차 나아지고 있구나' 하는 희망이 생긴다.

그러나 여전히 남성이 주류인 언론계에서 여성 기자로 일한다는 것은 도전의 연속이다. 남성의 경우, 연배가 꽤 있어 보이면 굳이 추가 설명이 없어도 그의 경력과 능력이 좋을 것이라고 어림짐작하는 경우가 많다. 반면 나의 경우는 ABC 뉴스의 지국장이라는 직책만으로는 충분하지 않을 때가 많았다. 나라는 사람에 대해 늘 부연 설명을 해야 했고, 심지어 내 경력까지 스스로 어필하지 못하면 인정받지 못할 때가 많았다.

내 취재의 결과물인 기사보다는 내가 여성이라는 사실과 외모에 더 관심을 갖는 사람들이 포진한 이 사회를 살아가며 현실을 불합리하다고 느끼는 한편, 터득한 것도 있다. 결국 상대방에게 어떻게 보이는지도 무시할 수 없는 요소이기에 매번 취재를 나가거나 미팅을 할 때 헤어와 의상을 프로답게 보이도록 시간과 돈을 아낌없이 투자하기도 했다. 그럴 수밖에 없는 현실이 씁쓸하기도 하지만 예전에 비하면 우리 사회가 서서히 양성평등의 방향으로 합의를 이루어가는 과정에 있음은 분명하다. 어느 분야든 많은 여성이 고군분투하고 있고, 그동안 많은 경험과 시행착오가 있었다. 그러니 무엇이 옳고 그른지에 관한 사회적 합의가 다양한 토론을 통해 이루어진다면, 일하는 여성들에 대한 사회의 배려는 점차 나아지지 않을까.

정색하기보다 웃으며 대응하라
Define the right line

"이거 성차별인가요?"

이런 질문을 친한 지인에게서, 아끼는 후배에게서 종종 받는다. 사실 자신이 성차별을 당한 건지 아닌지 판단 기준을 세우기 어려울 때도 있다. 이럴 때 미숙하게 대응했다가는 '별일도 아닌데 날을 세우는 사람, 예민한 사람, 성격 나쁜 사람' 등 온갖 오명을 쓰게 될지도 모른다.

우선 한 가지 짚고 넘어갈 것이 있다. '차별을 당했다'는 것의 기준은 주관적이라는 것, 그래서 그 기준을 스스로 세울 수 있다는 것이다. 성차별이든 인종차별이든 '내가 차별을 당했는가' 하는 기준은 결국 나 자신이 어떤 판단을 내리느냐에 달려 있다. 피해를 입었다, 억울하다 생각하기에 앞서 상황을 이끌어나가는 열쇠가 나에게 있다는 것을 자각하자.

물론 상대가 다분히 고의로 그랬을 경우도 있다. 그런데 놀랍게도 굉장히 많은 사람들이 차별적인 발언을 생각 없이 던지는 경우가 많다. 특히 나보다 연배가 많은 사람의 경우가 그렇다. '세대 차이'란 이럴 때 쓰는 말이다. 오랜 관행이나 문화적 영향 때문에 차별적이거나 저질의 언사를 농담으로 생각하는 사람도 있다. 이는 남녀노소 누구에게나 해당되는 이야기다. 심지어 놀랍게도 차별적이며 치욕적인 언사가 상대의 멘탈에 어떤 폭격을 가할지를 전혀 생각하지도, 알려고도 하지 않는다.

누군가가 그 오물의 기관총을 발사할 때 누군가는 총탄을 맞고, 그 오물의 늪에서 허우적대게 되고, 결국은 자기 자신을 파괴하는 안타까운 일도 종종 생긴다. 절대, 그 경솔하고 더러운 늪에 빠지는 희생자가 되지는 말자.

지금부터 내가 하고 싶은 이야기는, 일단 누군가에게 폭력적인 언사나 차별을 당했다고 느끼는 경우, 상대방이 어떤 그릇의 사람인지를 먼저 정확히 파악해야 한다. 그 후 '아, 내가 차별을 당했구나'라고 인지하게 되면, 그때부터는 영민하게 대응해야 한다는 것이다. 이것을 전제로 이야기를 시작하고 싶다.

나를 지킬 수 있는 번거로운 고민을 자주 하라

직장 내에서 흔히 있을 수 있는 상황을 예로 들어보자. 직장 상사가 나에게 "너는 집에 가서 애 봐야 되잖아?"라고 말하며 팀 내의 중요한 프로젝트에서 나를 배제시키고, 남자 동료에게 내 일을 대신 맡기려고 한다. 이때 어떻게 반응할 것인가? 아무 말 없이 퇴근할 것인가, 한마디 해줄 것인가. 그것도 아니면 애를 봐줄 사람을 구했다고 말하고, 야근을 자처할 것인가?

번거롭더라도 이런 상황을 늘 가정하고 어떻게 대처할지 고민하는 연습을 해야 한다. 만약 이런 고민을 해보지 않았다면 그 상황에서 말 한마디 제대로 하지 못하고 우물쭈물하다가 돌아설 가능성이 크다. 그러고는 집에 가서 남편에게 상사의 만행을 이르며 위로를 구하거나, 괜히 아이에게 짜증을 부리거나, 혹은 그런 말이나 듣는 자기 자신을 탓하는 수순으로 흐른다. 결국 말을 함부로 하는 상사에게 듣기 싫은 소리 한마디 들었는데 내 멘탈만 망가지는 결과를 낳는 것이다. 이런 경우, 나라면 이렇게 할 것 같다.

아이가 아파서 집에 일찍 귀가해야 하거나, 정 급한 사정이 있는 게 아니라는 가정 하에 중요한 프로젝트에 참여하는 것이 중요하다면, 우선 '당신의 배려에 감사하다'고 바로 반응해주는 것으로 시작한다. 그 상사가 진심으로 내가 걱정되어서 던진 제안인지, 비뚤어진 마음에 던진 조소인지 모르기 때문이다. 그러니 일단 내가 상사에게 감사의 표현은 '의도는 모르겠지만 당신은 진심이라고 내가 받아들이겠다'는 감사의 메시지를 우선 전달하는 것이다. 물론 미소를 띤 채로.

그다음이 매우 중요한데, "그러나"로 말을 시작하면서 그 일은 내가 기쁜 마음으로 최선을 다해 해낼 테니 맡겨달라는 취지로 나의 진심이 담긴 공을 그 상사의 영역으로 당당하게 던져야 한다. 물론 상사의 위치와 자존심을 지켜주는 지혜가 필요하다. 만약 그 순간 상사의 말이 마음에 들지 않는다고 얼굴을 크게 찌푸리거나 한숨을 쉬는 등의 불쾌한 보디랭귀지를 보인다면 차후 상사와의 관계에 하등 도움이 되지 않으니 자제해야 한다. 설사 그 상사가 저의가 있어 일부러 나를 배제시키려 했을지언정, 내 입장에서는 순간 화가 난다 하더라도, 눈치 채지 못한 척 그 상사를 향해 해맑은 감사의 표현을 하면 상사의 체면을 살려주어 불필요한 갈등과 긴장을 누그러뜨리는 효과가 생기게 된다.

물론 나의 경쟁자가 될 뻔(?)했던 남성 동료에게도 잊지 말아야 할 인사가 있다. "내 사정 생각해줘서 고마워. 집에 급한 일이 생기면 다음에는 꼭 좀 부탁할게"라는 메시지를 전달하자. 영어에서 흔히 우아하게 그러나 단호하게 거절할 때 자주 쓰이는 말인데, "Thank you, but no thank you(고마워, 하지만 괜찮아)"라는 말이 있는데 이런 상황에 딱 어울리는 표현이다. 이경우에도 약간의 미소는 필수다. 일에 대한 나의 욕심과 고마움이 섞인 메시지는 그 동료에게 공짜 보험을 드는 셈이라 일석이조라고 할 수 있다.

또 다른 예를 들어보자. 직장생활을 하다 보면 술자리에서 불상사가 일어나는 일이 많다. 회식 자리에서 내 옆자리에 있던 상사가 슬며시 내 손을 잡을 때 나는 "손 좀 놓고 얘기하세요"라고 가볍지만 직접적으로 경고하고 재빨리 화제를 돌린다. 화제를 돌리는 이유는 상대방이 내 말에 민망해지는 상황까지 가지 않기 위해서다. 그런 상황이 되면 상대방은 자존심에 상처를 받게 되고, 상처를 받으면 나한테 어떤 방식으로든 추후 보복하려고 할 수 있기 때문이다.

만약 불필요한 스킨십이 일어났다면 가볍지만 분명히 경고한 후, 빠르게 분위기를 전환시키는 것이 좋다. 그런데 상대방이 술에 취해 인사불성인 경우에는 이런 방식이 안 통할 수도 있다. 사실 그럴 때는 어떤 방식도 통하지 않기 때문에 당장 일 어서서 그 자리를 떠나는 것이 최상의 선택이라고 생각한다.

그다음 날 "부하직원이 어떻게 건방지게 자리를 뜨느냐"라 는 비판을 들을 수 있겠지만 그러면 "사장님이 이러이러한 행 동을 하셨는데 더 큰 불상사가 일어나지 않게끔, 사장님을 위 해서 그런 겁니다"라며 상대방의 허를 살짝 찌르는 멘트 정도 는 웃으며 말할 수 있어야 한다.

이처럼 여성들이 사회생활을 하다 보면 어이없고 황당하지 만 그렇다고 딱히 큰 이슈를 만들 수는 없는 애매한 상황들이 자주 발생하게 된다. 이럴 때 최선의 전략은 내 안의 무기를 다 양하게 구비해놓는다는 목적으로 각각의 상황을 상상해보고, 그때가 닥치면 시의적절하고 즉각적으로 어떻게 대처하고 어 떠한 멘트를 구체적으로 던질지 스스로 고심해보며 방어할 준 비를 하는 것이다.

차별에 대처하는 나만의 프로세스

서양에서는 아시아 여성이기에 겪는 성차별이 종종 있다. 예 를 들어, 미국 항공사를 이용할 때였는데 비행기에서 남성 승 무원이 나를 '허니(honey)'라고 지칭하는 게 아닌가. 이 단어 는 주로 부부나 사랑하는 남녀 사이에서 쓰기도 하지만 자기보다 한참 어린 사람에게, 노인이 어린 사람에게도 쓴다. 그가 내뱉은 '허니'라는 말이 분명 나를 무시하는 뉘앙스라는 것을 단번에 알아챘다. 그 말의 이면에는 작은 아시아 여자를 못마땅해하는, 그러나 고객이기에 대놓고 무시할 수는 없으니 애매하게 빠져나갈 수 있는 단어인 '허니'로 한 방 먹이고 싶어 하는 그의 욕구가 보였다.

워낙 비슷한 일들을 대학 시절부터 많이 당해서 나의 대답은 단 1초의 망설임 없이 이미 준비된 대로 나갔다. "Excuse me, I'm not your honey(저기요, 나는 그쪽 자기가 아닌데요)"라고 허리를 펴고 단호하게 쏘아붙여주는 것이다. 그러면 대부분은 '그러든가 말든가(whatever)'라는 반응을 보이고, 간혹 '아차' 싶었는지 미안하다고 사과하는 승무원도 있다. 여행 중 이와 비슷한 대우를 받고 불쾌했는데 대꾸도 못하고 나중에 후회하는 친구들에게 꼭 알려주는 팁이기도 하다. 잘못된 것에 대해 분명하게 말해야 하고, 그런 자신에 자부심을 가질 필요가 있으며, 그러려면 철저한 연구와 준비, 그리고 훈련이 중요하다.

물론 사소한 일 하나하나에 다 반응할 수는 없다. 나에게 별로 중요하지 않은 사람이라면 반응할 필요가 없을 수도 있고, 상황에 따라선 못 들은 척하고 넘기는 것도 필요하다. 그런데 각기 다른 상황을 어떻게 구분할 수 있을까? 답은 간단하다.

많이 경험하는 수밖에 없다. 중요한 것은 경험한 뒤에는 반드시 곱씹어보고 고민해서 나만의 선을 만들어야 한다는 것. 경험치가 부족하다면 만약의 경우를 상상하며 대비하는 것도 방법이다.

나는 차별에 대처하는 나름의 프로세스를 가지고 있다. 먼저 사람을 만나 몇 마디 나눠보면 '저 사람은 여성을 아래로 보고 있다, 차별을 할 가능성이 높다'라는 판단을 대충 할 수 있다. 그러면 바로 방어 모드에 돌입한다. 물론 그 판단이 틀릴 수도 있지만 대비를 해서 나쁠 건 없다. 티 나게 거부감을 드러내라는 게 아니다. 그건 예의에도 어긋난다. 입으로는 미소를 짓되 눈으로는 경계를 늦추지 않고 나의 모든 감각을 날카롭게 세우기 시작한다. 그때부터 상대방이 내가 그어둔 선을 넘으면 어떻게 방어할지 준비 태세에 들어간다.

이렇게 할 수 있으려면 내가 받아들일 수 있는 선이 어디까지인지 기준을 확고히 가지고 있어야 하는데, 냉정히 말하자면 이 기준 역시 많이 당해봐야 알 수 있다. 다음에 이런 일을 겪으면 사회문화적인 통념을 고려해서 여기까지는 받아줘야 하지 않을까, 이렇게까지 하면 참으면 안 되겠지, 이런 고민을 수없이 하면서 자신만의 기준을 만들어나가는 것이다.

나이가 어리거나 사회경험이 적다면 누구나 당황할 수 있다.

그 순간에는 얼어버렸다가 집에 가서야 후회하고 억울해서 울음이 터질 수도 있다. 나도 그랬다. 그런데 그럴 때마다 내가 했던 방법이 있다. 우선 집에 가서 마음을 가라앉히고, 오늘 있었던 일을 노트에 빠짐없이 적는다. 무섭다고, 기억하고 싶지 않다고 그냥 덮지 않고 힘들어도 반드시 복기를 한다. 혹시 고소할 수도 있는 일이라면 더더욱 이런 기록이 필요할 수 있기 때문이다.

이렇게 상대방이 어떻게 했는지 하나하나 적으면서 그 옆에 괄호를 치고 '그때 나는 어떻게 반응했어야 했는가'를 쓴다. 이렇게 하는 것은 자신을 탓하기 위한 게 아니라 더 성장하기 위해서다. 다음에 비슷한 일이 생기면 어떻게 할 것인지 여러 가지로 머릿속에서 시뮬레이션 해보는 것이다. 어떤 말을, 어떤 표정과 말투로 할 것인지 연습도 해본다. 방송을 하는 직업이라 거울 앞에서 말하는 연습을 자주 하는데 평소 무례한 남성들의 공격을 어떻게 받아쳐야 할지 거울 앞에서 연습하던 때를 생각하면 지금도 절로 웃음이 난다.

운동선수들은 몸으로 훈련을 할 수 없는 상황에서는 이미지 트레이닝을 한다. 실제로 몸을 움직인다고 생각하면서 다양한 상황을 머릿속에 그려보는 것이다. 그리고 각 상황에 따라 근육과 신경이 어떻게 움직일지도 상상해본다. 이렇게 하다 보면

실제 경기 상황에서도 몸이 익숙하게 움직여서 도움이 된다고
한다. 우리에게도 이런 상상훈련이 필요하다. 그래야 트라우마
가 될 뻔한 일도 좋은 인생 경험으로 바꿀 수 있다. 준비하자.
차별이나 폭력을 넘어서려면 항상 준비가 필요하다.

　살면서 더 나쁜 상황에 맞닥뜨리지 말라는 법이 없다. 성차별
이나 성희롱을 넘어 위협을 당할 수도 있고, 성폭행을 당할 수
도 있다. 최악의 상황을 떠올려보는 것도 필요하다. 그럴 때 바
로 경찰에 전화를 할 건지, 일단 도망갈 건지, 여러 대처법을 생
각해봐야 한다.

　내가 당한 피해를 집에 가서 이불 뒤집어쓰고 우는 것으로
끝내선 안 된다. 경찰서에 가야 할 일이라면 아무리 수치스러
워도 가야 한다. 평생 나를 괴롭힐 트라우마로 남기지 않으려
면 고통스러워도 이를 악물고 북받쳐 오르는 감정을 잠재우고
이성을 깨워 반드시 소화를 시켜야 한다. 그러기 위해서는 단
계별 상황을 최악의 경우까지 복기하며 머릿속으로 시뮬레이
션을 해보라고 조언하고 싶다. 여러 가지 상황을 가정하고 어
떻게 대처할 것인지 자세히 상상해보고 대응에 대한 훈련을 꼭
해보아야 한다. 가령, 위급할 때 어딘가 전화할 수 있는 전화번
호 하나라도 저장해두는 것만 해도 스스로를 위한 좋은 시작이
고, 변화다.

나는 그런 준비를 수없이 반복하면서 어느 순간부터 어떤 상황에도 당황하지 않고 적절하게 대처할 수 있다는 자신감을 얻었다. 준비가 되어 있기에, 차별적인 언행에도 쉽게 낙심하거나 분노하지 않는다. 속상해하는 시간조차 아깝다. 오히려 낙후된 마인드를 가진 상대방을 측은하게 바라보고 경고를 할지 응징을 할지 판단한다. 많은 풍파를 겪으며 멘탈을 단단하게 다지고 대응 프로세스를 정교하게 계획하고 다듬어온 덕분이다.

영악한 타협으로 장기전을 노려라
Wait for the storm to pass. It will

인종은 내가 바꿀 수 없는 나의 정체성이다. 고로 자신의 인종과 성별에 대해 불만이나 회의를 느끼는 것만큼 소모적인 시간 낭비는 없다. 스스로를 위해서도 자긍심을 갖고 긍정적 마인드로 받아들이는 편이 훨씬 효율적이다. 여성이라는 정체성도 마찬가지다. 타고난 성별 혹은 인종만으로도 불이익을 당했던 적, 한국 여성이라면 누구나 한 번쯤은 있을 것이다. 내가 몸

담고 있는 ABC 뉴스는 비교적 다양한 인종과 성별이 존중받는 조직문화를 가지고 있지만, 간혹 그렇지 못한 경우도 종종 있었다.

10년 전쯤 해외뉴스 전체를 담당했던 부사장급 상사가 그만두고 새로운 상사가 부임했다. 그는 본사에 주재하고 있고 나는 특파원으로 아시아에 주로 있었기에 그와 실제로 만난 것은 5번 남짓이었지만, 업무상 통화는 자주 해야 했다. 그런데 그가 부임한 후 점차 시간이 흐르며 뭔가 이상하다는 느낌이 들었다. 나와 이야기할 때와 남자 직원과 이야기할 때 말투가 상당히 달랐다. 내가 뭔가 오해를 하고 있나 싶어서 본사에 있는 다른 여성 직원들에게도 혹시 나와 비슷한 느낌을 받았냐고 물어봤더니, 그들 역시 같은 느낌을 받았더란다.

그는 평소 나를 굉장히 차갑게 대했다. 심지어 무슨 잘못을 한 것도 아닌데, 영문도 모른 채 아주 불편한 느낌으로 항상 그와 통화를 해야 했다. 전화로 일 이야기를 나눌 때마다 호의라고는 전혀 느껴지지 않는 그의 냉담한 반응 속에 체한 것처럼 속이 답답했고, 마음이 불편했다. 업무상 직속 상사라 이메일도 자주 주고받아야 하는 관계인데 내 메일을 그가 읽고 씹기는 부지기수였다. 설령 답장이 온다 해도, 거의 "Sure(네)" 혹은 "OK(알겠어요)" 정도의 단답으로 왔기에 내 입장에서는 매번

서운하기도 하고 영문을 몰라 짜증이 날 수밖에 없었다.

그가 부임한 지 2년이 채 되지 않았을 즈음 세계 예닐곱 나라에 주재하던 ABC 뉴스의 특파원들 중 여성들이 하나둘씩 남성으로 바뀌더니 결국엔 거의 모든 특파원이 남성으로 교체됐다. 그리고 교체된 남성들 중 절반은 동성애자였다. 알고 보니그는 지극히 개인적인 선호도에 따라 직원을 교체한 것이었다. 성 정체성의 다양성을 인정하는 조직에서 성소수자인 그가 다른 성별을 차별하는 상황이 아이러니하게 느껴졌다.

억울하기도 하고, 불안하기도 했지만 냉정하게 상황을 보기로 했다. 결국 인사에 대한 권력을 가진 것은 그 사람이었고, 당장 내가 나서서 항의를 하거나 문제를 제기할 수 있는 상황도아니었다. 본사에서 특파원 교체 인사권은 임원들에게 있었고그는 그 임원들 중 매우 중요한 사람이었으니까.

그래서 당시 내가 택한 방법은 'After a storm, comes a calm(폭풍이 지나가면 고요가 온다)', 언젠가 폭풍이 지나갈 타이밍을 기다리는 것이었다. 그나마 한국 특파원으로 있는 나와 그는 서로 지구 반대편에 있어 직접적으로 부딪칠 일은 없었다.

게다가 나는 20년 이상 한반도 전문가로 사내에서 입지를 다져왔고 업무 능력을 충분히 인정받고 있었다. 설령 그가 모든여성 특파원을 남성으로 갈아치운다고 해도, 나만은 절대 다른 기자로 대체 가능하지 않을 것이라는 자신감이 있었다. 그렇기에 그가 내게 친절하지 않더라도, 가끔은 마치 나를 비웃는 듯 냉소적이기까지 한 말투가 상당히 거슬려도, 그의 유치한 차별과 편애에 당장 반기를 들지 않았다. 오히려 그에게 일적으로 어떤 빌미도 주지 않겠다는 데 생각이 미쳤다.

그와 통화해야 할 일이 있을 때면 그의 말투가 어찌되었던 간에 최대한 기분 좋은 톤으로 성실하게 대화에 임했다. 속으로 기분이 언짢더라도 말이다. 사실 그와 통화하기 전에 항상 심호흡을 하면서 '참자, 참자. 그는 그저 내가 여자라서 못마땅한 것이지, 내 일에 불만이 있는 게 아니니까'라며 마음을 가다듬었다. 지금도 그때를 떠올리면 헛웃음이 나온다.

그렇게 어느덧 3년이란 시간이 흘렀다. 어느 날 갑자기 그가 그만둔다는 이야기가 들렸다. 어찌된 일인지 알아보니 그가 내부에서 누군가와 크게 언쟁을 벌였는데, 결국에는 감정을 제어하지 못하고 거의 주먹다짐까지 해서 징계를 받았고, 결국 회사와의 재계약에 실패하고 말았다는 것이다. 그 소식을 듣는 순간 늘 거센 비만 퍼부었던 폭풍이 지나가는 느낌을 받았다. 가슴 한편에 무겁게 자리 잡고 있던 얼음 바위 하나가 녹아내렸다.

폭풍이 지나간 자리는 생각보다 처참했다. 그전에는 특파원

중 적어도 30% 이상이 여자였는데, 그 상사의 입김으로 특파원이 모두 남자로 교체되었고, 살아남은 여성 직원은 나 한 명뿐이었다.

누가 봐도 합리적이지 않은 판단을 일삼고 조직에 해가 되는 사람이라면 언젠가는 응당 대가를 치르게 된다. 물론 그 속도와 시간은 조직에 따라 어느 정도 차이가 있겠지만.

유연하지만 확실하게 항의하는 법

꼭 성별의 문제가 아니라도 누구라도 직장생활을 하다 보면 상사나 동료에게 부당한 일을 당할 때가 왕왕 있다. 하물며 권력을 쥔 상사가 평소 부하직원들을 평등하게 대하는 사람이 아닌 경우에 부하직원이 겪는 고통은 한두 가지가 아니다.

앞서 이야기한 사례처럼 불합리함의 폭풍이 지나갈 타이밍을 봐야 할 때도 있지만, 모든 경우 잠자코 있는 것도 절대 능사가 아니다. 이게 가장 어려운 지점이다. 상대방이 내가 생각했을 때 말이 안 되는 언사를 하거나, 부당한 처우를 저지르는 경우, 상대를 지나치게 공격하지 않는 수준에서 유연하고, 또 우아한 한 방의 경고를 보내야 할 때가 있다.

직장인들이 한 번쯤 겪을 법한 일 중 하나는 상사가 내가 보고한 내용을 자기 아이디어인 것처럼 공론화시키는 경우다.

"우리 직원 중 누군가가 이런 아이디어를 냈는데…"라고 시작해서 자기 말을 덧붙이는 것과 처음부터 마치 자기 아이디어인 것처럼 말하는 것은 천지차이다. 그런 일을 당하는 경우 직접 상사에게 항의하는 것은 사실 쉽지가 않다. 그 상사와의 앞으로의 관계도 염려되고, 어디까지 어떻게 항의해야 할지도 사실 난감한 문제다.

나도 그런 경험이 있는데, 어느 날 새로 부임한 상사가 내게 북한의 행보에 대해 어떻게 생각하느냐고 물어왔다. 급히 의견을 정리해서 이메일로 보냈는데 컨퍼런스콜로 진행되는 전체 회의에서 상사가 그 내용 그대로를 자기 생각처럼 말하는 게 아닌가. 기가 막히고 괘씸했지만 상사에게 직접적으로 항의를 하기에는 아무래도 관계가 껄끄러웠다. 그를 설득하거나 직접 그에게 따로 항의하는 것도 방법이지만, 그렇게 하면 상대방의 기분과 자존심을 상하게 할 가능성도 있다. 상대방이 불쾌하거나 압박당한다는 느낌을 주지 않도록 소통하는 능력도 필요하다는 것을 절실히 느껴온 터였다.

고민을 거듭하다 생각해낸 묘안은 이메일을 보낼 때 상사뿐 아니라 그 밑의 직원 둘을 참조하여 함께 보내는 것이었다. 직접 항의하지는 않으면서도 그 사람 스스로 '이래선 안 되겠구나'라고 생각하길 바랐다. 기분이 나쁠 순 있겠지만 적어도 직원들 앞에서 창피를 준 것은 아니니 적절한 대응이라고 생각했다.

사실 상사는 그 일로 기분이 상했는지 그 이후로 거의 한 달 동안 나와의 통화를 피했다. 하지만 그것을 극복하는 건 그의 문제라고 생각했고, 그 자리에 앉을 역량이 되는 사람이라면 그 정도의 일은 털고 일어나야 하며, 그게 아니라서 혹여 나에게 보복을 한다고 해도 그건 또 나중에 나 스스로가 감당할 일이었다. 현재 내가 선택하여 실행한 일에 확신을 갖고 부당한 일에 경고를 쳤다는 자부심을 갖는 게 더 중요했다.

나는 아무 일도 없는 것처럼 행동했고, 그 후 북한의 새로운 도발로 바쁘게 뉴스를 공급해야 하는 상황이 닥쳐와서 그와의 관계는 자연스럽게 원래의 관계로 돌아왔다. 물론 그 후로 그가 내 의견을 자기 것처럼 말하는 일은 없었고, 오히려 어느 날은 전체 회의에서 내가 가진 '북한에 관한 깊은 이해도'를 심히(?) 칭찬하는 것으로 무언의 보상을 해주기도 했다. 결국 나의 승리였다.

흑과 백이 아닌 회색지대를 찾아라
Search for the grey area

성차별 이야기를 하다 보면 남성 전체를 적으로 돌리는 것으로 오해할까 걱정이 되기도 한다. 그러나 남녀를 이분법적으로 나누기보다는 함께 살아가야 할 동지로 여기는 것이 결국엔 옳다고 본다. 영원한 적대감이 아닌 배려심으로 서로의 다름을 인정하고 보완하며 살아가야 세상은 더 살 만한 곳이 될 것이다.

지난 30여 년간 전 세계 수많은 취재 현장을 다니면서 위험하고 힘든 순간도 많았다. 재난이나 사고, 시위 현장에서 취재를 하려면 밤을 꼬박 새우는 일도 부지기수다. 내가 좋아서 하는 일이니 힘든 줄 모르기도 했고, 젊을 때는 누구에게도 지고 싶지 않아서 정신력으로 버티기도 했다. 그렇지만 체력의 한계를 느낄 때가 없었다면 거짓말일 것이다.

남성과 여성의 체력적 차이는 분명 존재한다. 게다가 여성은 남성보다 신경 써야 할 것이 생각보다 더 많다. 특히 나처럼 카메라 앞에 서는 입장이면 남성 기자보다 긴 머리 손질부터(내 머리는 손질하지 않으면 화면에서 거의 두 배는 부푼다.) 메이크업, 의상 등 준비할 것들이 훨씬 많다.

그렇기 때문에 어쩔 수 없이 함께 일하는 남성 동료들의 양해와 협조가 꼭 필요하다. 이건 부정할 수 없는 현실이다. 다만 나는 그들이 나의 사정을 양해해주고 도와준 것은 반드시 갚으려고 한다. 주로 내가 쉽게 하기 어려운 몸을 쓰는 일을 도와주기 때문에, 나는 잠을 덜 자는 한이 있더라도 머리 쓰는 일을 더 도맡아 하려고 하고, 세심하게 배려하려고 노력한다.

그렇다고 해서 내가 몸을 사리는 건 아니다. 물론 무거운 짐이 있으면 내가 먼저 든다. 딱 봐도 내 힘으론 도저히 들지 못할 짐이라는 걸 뻔히 알아도, 일단 드는 시늉이라도 한다. 별거 아닌 것 같아도 그런 태도의 차이가 크기 때문이다. 진심이기도 하고 전략이기도 하다. 그러면 남자 동료들도 가만히 보고만 있진 않는다. 나는 특히 서양인들과 많이 일하는데 그들은 누군가 자신에게 벅찬 일을 하는 걸 보면 바로 와서 도와야 하며 여성이나 노약자에게는 특히 우선적으로 도움을 주어야 한다고 어릴 때부터 교육을 받았기 때문이기도 하다. 그럴 때는 감사의 인사를 확실히 한다.

"Thank you so much. You're my savior!(정말 고마워요. 당신이 내 구세주예요!)"

다소 낯 뜨거울지라도 마음을 담아 명확하게 감사를 표해야 한다. 사회생활에서 마음으로 통하기는 사실 시간도 부족하고 여러 제약이 있다. 진심이 전해지는 데는 시간이 걸린다. 그러니 당장은 일단 말이라도, 고마움을 듬뿍 담아 진심을 전해야 한다. 기본 중에 기본이다.

남녀 이전에 동료라는 마음

2018년 태국 동굴 소년 사건 때 취재 현장이 녹록지 않았다. 동굴이 산속에 있어 산을 올라가야 베이스캠프까지 갈 수 있었다. 산을 걸어 올라가야 하는데 비가 많이 온 탓에 진흙밭이 되어버려 질퍽질퍽한 땅에 발이 푹푹 빠져 다리에 힘을 엄청 주어야 전진할 수 있는 그곳을 거의 기다시피하며 올라가야 했다. 뜨거운 햇볕까지 내리쬐어서 정말 힘들었다. 다행히 동네 주민들이 오토바이로 사람들을 태워 올려다주곤 했는데 모두 다 탈 수 있는 상황이 아니었다. 그래서 장비가 가장 무거운 카메라맨에게 먼저 오토바이를 타고 가라고 했더니 그는 기어코 나한테 오토바이를 타라고 양보했다. 그렇다고 나 혼자 편히 올라가는 것도 마음이 편치 않았다. 생각 끝에 그럼 내가 오토바이를 타고 중턱까지만 가서 내리고, 다시 오토바이를 보내줄 테니 짐을 안고 베이스캠프까지 다 타고 올라가라고 제안했다. 호의는 감사히 받되, 고생은 같이 나누겠다는 묘책이었다.

"이렇게 하면 공평하죠?"라고 묻자 남자 동료들은 "네가 정 그렇다면…"이라고 하면서도 만족스러운 미소를 지어 보였고, 우리 팀은 훈훈하게 취재를 시작할 수 있었다.

여성이 남성에 비해 체력적으로 약한 것은 대부분의 경우 사실이지만 그것을 악용하거나 악용하는 듯한 인상을 주는 것은 잘못이다. 남녀를 가르기 전에 함께 일하고 고생하는 동료로서 존중해주고 배려해주는 센스가 필요하다. 누구나 약한 부분이 있을 수 있고, 자신의 상황에서 최선을 다한다는 느낌을 말과 행동으로 충분히 전해야 한다. 내가 배려하면 상대도 나를 배려할 것이고, 상대가 나의 편의를 봐줬다면 나도 어떤 식으로

든 갚아야 한다.

여성이기에 할 수 있는 일

　반면 여성이 오히려 극한의 환경에서 강하다는 걸 느낄 때도
있다. 재해 현장에서는 시체와 피를 동반한 끔찍한 광경을 목
격하기도 한다. 그럴 때는 구토를 하는 동료들도 있는데 나를
비롯한 여자 동료들이 더 의연한 경우가 많았다. 그런 힘이 어
디서 나오는 걸까 궁금했는데 실제로 비슷한 연구결과도 있었
다. 2018년 서던덴마크대 연구진이 발표한 논문에 따르면 전
세계 대부분의 지역에서 여성의 생존율이 남성보다 높다고 한
다. 기근과 전염병이 심각한 상황에서 태어난 여아가 남아보다
더 잘 생존했는데, 이것은 여성이 생물학적으로 강하다는 걸
암시한다고 한다. 그 근거로 몇 가지 가설을 들었는데 그중 하
나는 여성호르몬인 에스트로겐이 항염효과가 있어 혈관계를
보호한다는 것이다. 또 아이를 낳기 위해 적어도 9개월은 생존
해야 하기 때문에 남성에 비해 더 나은 면역체계를 갖고 있을
지 모른다는 가설도 내놨다. 아직 가설 단계이지만 일리가 있
다고 본다.

　여성이 가진 모성애는 일터에서도 도움이 된다. 취재를 하다
보면 끼니를 챙기기가 녹록지 않다. 특히 남자들은 밥은 먹지

않고 맥주만 찾는 일도 흔하다. 그런데 나는 내 끼니를 챙기면서 같이 일하는 남자 동료의 밥도 챙겨야 직성이 풀린다. 입맛 없다는 동료에게 그래도 먹어야 한다며 엄마처럼 채근하기도 한다. 그러면 마지못해 알았다고 하던 동료도 실은 감동을 받았다며 나중에 이야기하는 경우가 꽤 자주 있다.

미국, 영국 등 다양한 나라에서 아시아로 와서 몇 주씩 취재하는 동료들은 가족이 보고 싶어도 연락을 제때 챙기지 못하는 경우가 많다. 사람마다 차이는 있지만 관찰해보면 특히 남자들이 그런 세세한 부분에 약한 것 같다. 그래서 함께 일하는 도중에 "지금 뉴욕은 ○○시니까 빨리 딸한테 전화해"라고 알려주거나 내가 잠시 일을 대신 봐줄 테니 가족과 통화하고 오라며 배려해주면 무척 고마워하곤 한다.

결국 사람들이 모여 부대끼며 일을 하기 때문에 바로 이런 사소한 배려는 나에 대한 신뢰를 차곡차곡 쌓아준다. 그렇게 쌓인 신뢰가 언젠가 내가 도움이 필요할 때 선물이 되어 돌아온다고 믿는다. '가는 정이 있어야 오는 정이 있다'는 말은 세계 어디에서든 통하는 진리이지 않을까. 세상엔 흑과 백만 있는 것이 아니라 서로 다른 우리의 마음이 통할 수 있는 회색 지대가 분명 존재한다.

미투 운동을 바라보며
Witnessing Me too movement

2018년 우리 사회를 휩쓴 미투 운동은 성차별에 관해 다시 한 번 토론하고 도약할 수 있는 계기였다. 미투 운동(me too movement)은 여성들이 자신이 당한 성폭행이나 성희롱을 고발한 것으로, 2017년 할리우드 영화제작자인 하비 와인스타인의 성추문을 폭로하기 위해 SNS에 해시태그(#MeToo)를 달기 시작하면서 전 세계로 퍼졌다.

언론계에서도 미투 운동에 동참하는 여성 저널리스트들이 있었다. 2018년 10월에는 미국의 유명 앵커인 코니 정(Connie Chung)이 〈워싱턴포스트〉 기고를 통해 미투 운동에 동참했다. 그녀는 50년 전, 20대에 당한 성폭행을 고백하며 '미투'를 외쳤다. 중국계 미국인인 그녀는 아시아인 최초로 미국 지상파 방송의 앵커가 된 입지전적인 인물이다. 이룰 만큼 이루고 성공한 여성이라 사회적으로 잃을 것이 더 많은 위치임에도 불구하고 용기를 냈다는 점에서 더 박수를 쳐주고 싶었다.

방송뉴스 조직처럼 외모와 매력이 중요시되는 곳에서는 특히 직장 내 성폭력이 많이 일어난다. 2017년 미국 CBS는 언론인이자 토크쇼 진행자인 찰리 로즈(Charlie Rose)가 여성 직원 여러 명을 성추행한 사실을 확인하고 그를 해고했다. 이 기회에 남성 상사의 권력남용 문제도 공론화되고 청산되기를 바랐다.

또 하나 여기서 주목해야 할 것은 CBS는 이 사실을 자사의 뉴스로 내보냈다는 사실이다. 불미스러운 사건이 일어난 건 안타깝지만 조직이 제대로 된 자기반성을 하고 언론사로서 공명정대하게 보도했다는 점이 꽤 인상적이었다. 우리나라 언론사나 방송사에서 이런 일이 있었다면 과연 스스로 기사를 낼까 궁금해지기도 했다. 이렇듯 미투 운동이 화두로 떠오른 데는 언론의 역할이 컸다. 운동이 진행되는 과정에서 또한 언론이 중심을 잡고 역할을 하기를 바랐다.

언론에게도 원칙이 필요하다

우리나라에서도 많은 여성이 미투 운동에 동참했다. 그런데 안타까운 것은 여전히 우리 사회의 많은 남성이 이 문제의 본질을 자각하지 못하고 있었다는 점이다. 심지어 고발한 여성들의 '저의'를 의심하고 비난하기만 하는 경우도 보았다. 얼굴을 공개하면서까지 용기를 내는 이유를 이해하지 못한다는 것에 나는 큰 상실감을 느꼈다. 개인적으로는 지인들과 미투 운동에 대해 의견을 주고받다가 감정의 골이 깊어지기도 했고, 평소에 존경스럽고 훌륭한 분이라 생각했던 어떤 어르신과 대화를 하다가 문제를 받아들이는 의식의 차이가 나와 너무나도 다르다는 것에 큰 충격을 받기도 했다.

내신들의 미투 운동 관련 보도를 지켜보며 아쉬웠던 점도 있었다. 그것은 실명을 밝히지 않고 피해를 알리는 여성들을 경쟁하듯이 보도하는 행태였다. 사실 피해자 입장에서 성폭력은 더더욱 용기를 내기 어려운 문제이기 때문에 실명을 밝히지 않고 고발하는 것, 충분히 공감하고 이해한다. 그렇지만 가해자로 실명까지 지명된 남성 입장에서는 사실관계 여부가 확인되지 않은 상태에서 억울한 경우도 있을 터, 언론의 보도만큼은 양쪽의 입장에서 심사숙고해야 하는 문제다. 미국 언론은 대개 실명으로, 그것도 고발자가 직접 인터뷰를 해주어야 뉴스로 다룬다. 예를 들어 '여성 A씨가 남성 홍길동씨에게 성희롱을 당했다고 알려졌다'는 식의 기사는 다루지 않는다. 즉 피해자 여성을 A씨로 익명 처리하고, 사실 관계가 규명되지 않은 채 '당했다고 알려졌다'라는 애매한 표현으로 가해자 홍길동을 실명으로 처리하지 않는다는 것이다.

또 한 가지 아쉬웠던 점은 모두가 너무나도 자극적인 정보에만 치중하여 피해자가 어떻게 당했는지 파고 들춰내고 휘젓는 모습이었다. 한국 사회 특유의 선을 넘는 호기심과 궁금증이 사석이 아닌 공공의 방송과 언론들에 의해 함부로 다뤄지는 것을 보았다. 분명 내신에서도 분명한 원칙을 세울 필요가 있겠다는 생각이 든다.

성추행의 기준은 어디까지?

그렇다면 우리 사회에 만연한 성추행은 어떤가? 1997년부터 서울에 드나들며 사회생활을 한 나의 불쾌했던 경험을 나열하자면 끝도 없다. 다행히 내 성격상 무언가를 가슴속에 품어두고 곱씹는 스타일은 아니라 아주 중대한 사건이 아니라면 잊는다. 그런데 기억이라는 것이 참 오묘한 게, 미투 운동과 관련한

다양한 사례를 뉴스로 접하다 보면 퍼즐 조각처럼 띄엄띄엄 생각나는 순간들이 있다. 술 평계로 슬쩍 터치하려는 손, 다른 속내가 적나라하게 보이는 눈빛, 농담인 듯 진담인 듯 애매하게 던지는 불쾌한 언사 등. 나의 경우엔 그 상대가 직장 상사가 아니라 대부분 취재원들이었다. 당시에는 우리 사회가 '원래 그런 거고' 한국 남자들이 '매너가 없는 거'라고 애써 정리했었고, 심지어 아주 가끔은 '저 사람이 나한테 대시를 하는 걸 거야'라고, 위안도 아닌 애매한 합리화로 덮어버리기도 했다.

　결과적으로 미투 운동은 우리 사회에 적어도 경종을 울렸다는 점에서 긍정적이었다고 생각한다. 변화를 위해서는 우선 누군가가 용기 있게 나서서 의견이나 이슈를 제시해야 하고, 언론의 역할은 이 문제를 공평하고 진실되게 보도를 하는 것이다. 이 과정에서 가장 유의해야 할 점은, 보도의 선을 넘어 취재기자가 직접 대안을 제시하면 곤란해진다는 것이다. 대안 제시는 여성 인권이나 사회학 등을 연구하는 전문가들의 몫으로 남겨두는 것이 옳다고 본다. 그다음 바통터치는 활동가(activist)들이 이어받아 조직적으로 집단을 이루어 행동으로 옮겨야 하는데, 그 활동은 건전한 방법인, 캠페인 등을 통해 대중 인식을 변화시키려는 노력이 수반되어야 한다. 근거 없는 무차별 폭로보다 다양한 각도에서 모든 옵션을 검토하는 활발한 토론이 이루어진 후 정치권에서 필요한 법안을 발의하는 민주적 절차가 뒤따라야 비로소 여성들이 보호받는 사회문화가 형성될 것이다.

그런데 아직도 겉만 번지르르한 구호만 난무하고 깊이 있는 토론은 많지 않은 것 같아 아쉽다. 대부분의 토론 프로그램에서는 정치적 소재나 빈부격차 등은 자주 다루면서 양성평등의 문제는 우선순위에서 항상 밀려나는 것 같아 안타깝다. 하지만 우리는 적어도 현실의 민낯을 공론화했고, 물론 그 속에서 혼란과 상처도 있었지만, 적어도 문제점을 인지하는 과정을 거쳤으니 새롭게 성숙해질 희망은 남아 있다고 생각한다.

Chapter 2

나만의 소프트웨어,
내공을 길러라

사람마다 자신에게 맞는 자리가 있다는 것을 잊지 말아야 한다.
부러움을 시기와 질투로 발산하기보다
나를 발전시키는 동기부여제로 활용할 수 있어야 한다.

2019년 5월 서울에서 열린 아시안 리더십 컨퍼런스(Asian Leadership Conference) 현장.

당시 내가 사회를 맡았다. 이날 컨퍼런스에서 나온 구호가 있다.

'Aim high and just go for it(높은 목표를 설정하고 그것을 향해 가라).'

이 정도면 됐어, 여기까지면 충분해, 하면서 지레 스스로를 제한하지 말고

스스로 생각할 수 있는 그 이상의 원대한 목표를 정하라는 메시지다.

아시안 리더십 컨퍼런스에서 만난 여성 리더들과 함께

열정적인 동료들과 멋진 취재원들과
현장에서 함께할 때
나는 늘 새로운 영감을 받고,
새로운 도전을 꿈꾼다.

나의 성장을 가로막는 유리천장을 깨라
Breaking that high ceiling

2019년 5월 서울에서 열린 아시안 리더십 컨퍼런스(Asian Leadership Conference)에 참석했다. 웬디 커틀러(Wendy Cutler) 전 미국 무역대표부 부대표, 주한 유럽연합 대표부 수석 정무관 조엘 이보네(Joelle Hivonnet), 한국계 미국인 최초로 캘리포니아 주의원 선거에 공화당 대표로 출마하는 영 킴(Young Kim), BT 재팬 사장을 역임한 하루노 요시다 등 보수적이고 남성 중심적인 분야에서 성공한 여성 리더들이 한자리에 모였다. 다들 각 분야에서 엄청난 전문가들이지만 이날만큼은 정책 이야기를 뒤로 하고 커리어를 쌓아가는 기간 동안 겪었던 개인적인 경험을 나누기로 했다. 특히 일하는 여성들에 대한 조언이 쏟아져 나왔다.

조직에서 흔히 남자들은 서로 끌어주고 당겨주고 하는 풍조가 있다. 그에 반해 여자들은 각개전투 하는 경향이 강하다. 이런 현상은 다양한 나라에서 온 여성 리더들이 모두 동의하는 것이었다. 이에 대해 많은 리더가 입을 모아 이야기한 것은, 여자 후배들을 많이 끌어주고 키워주고 싶어도 여자들 스스로가 꿈이 너무 낮다는 것이었다.

대체로 남자들은 실력이 안 돼도 일단 큰소리쳐놓고, 결과가 안 나오면 "죄송합니다" 한마디로 끝내기도 한다. 반면 여자들은 실력이 되는데도 "제가 하겠습니다!"라고 치고 나오는 사람이 적다. 이분법적으로 단정하긴 힘들지만 그 자리에 모인 많은 여성 리더가 하나같이 고개를 끄덕이며 공감한 이야기였다.

연봉 협상을 할 때도 마찬가지다. 가령 남자들은 별 성과를 내지 못해도 20%를 올려달라고 당당히 요구하는 반면, 열심히 일하고 실제로 성과를 충분히 낸 여자들이 정작 연봉 올려달라는 얘기를 못 꺼내는 경우가 더 잦다는 것이다. 일터에서 상대적으로 주눅 들어 있어서 그런 것일 수도 있고, 긍정적으로 바라보자면 공감능력이 커서 '내가 이 말을 하면 저 사람이 당황하지는 않을까' 생각하기 때문일 수도 있지만, 대체적으로 여성들은 내가 나서서 자랑하지 않아도 남이 나를 알아주고 인정해주길 바라는 성향이 큰 것 같다.

물론 여기에는 외부 조건도 상당히 영향을 미친다. 여성은 결혼을 하면 육아에 묶이고 가족에 할애하는 시간과 노력의 비중이 커지기 때문이다. 그러니 현실적으로 회사 동료나 직장 상사들과 따로 시간을 갖는다든가, 밥 한 끼 하기도 녹록지 않다.

그러나 우리 여성들이 좀 더 높고 원대한 목표를 세워놓고 일에 임했으면 한다. 이날 컨퍼런스에서 나온 구호가 있다. 'Aim high and just go for it(높은 목표를 설정하고 그것을 향해 가라).' 이 정도면 됐어, 여기까지면 충분해, 하면서 지레 스스로를 제한하지 말고 스스로 생각할 수 있는 그 이상의 원대한 목표를 정하라는 메시지다. 그리고 그곳을 향해 거침없이 뚫고 나아갔으면 한다는 것이 우리 패널들의 공통된 바람이었다. 목표에 도달하지 못해도 그 과정 자체가 의미 있는 것이므로, 처음부터 60%를 생각했다면 절반만 갔을 때 30%밖에 되지 않지만, 아예 200%를 목표로 했다면 절반만 가도 100%라는 것을 잊지 않았으면 한다.

정해진 프레임에서 벗어나라

양성평등에 대해 목소리를 내온 배우 엠마 왓슨이 2011년 어느 기자회견에서 한 말이 인상적이라 기억하고 있다.

"여자들은 때로 스스로가 유력하고 강하고 용감하다고 느끼는 걸 두려워하는 것 같다. 두려워하는 건 잘못이 아니다. 두려워하지 말라는 것이 아니라 두려움을 극복하는 게 중요하다. 그러려면 때로는 자기 자신을 믿고 그냥 치고 나가야 한다.(I think women are scared of feeling powerful and strong and brave sometimes. There's nothing wrong with being afraid. It's not the absence of fear it's overcoming it and sometimes you just have to blast through and have faith.)"

멋진 말이다. 그런 여성들을 많이 봐왔기에 더욱 공감하는 말이다. 여성들이 어느 조직에서 높은 위치에 오르고 권력을 가지게 되면 오히려 위축되는 것을 보면서 의아한 때가 많았다. 똑같이 그 자리에 오른 남성들은 더욱 당당해지는데 어찌된 일인지 여성들은 남들이 나를 어떻게 볼지 더 의식하고 소극적으로 변하기도 한다. 그들 나름의 사정이 있을 것이다. 어쩌면 유리천장을 깨는 과정이 너무나 험난하고 고통스러웠기에 그것을 지키려는 마음이 크고, 그것을 지켜내려면 일단 튀지 말아야겠다는 신중함 때문인지도 모른다. 어쩌면 우리 마음속에도 보이지 않는 유리천장이 존재하고 있는 것은 아닐까?

그 원인에는 여성 리더에 대한 프레임이 영향을 미치는 것 같기도 하다. 여성의 리더십은 '섬기는 리더십, 엄마형 리더십' 같은 말로 표현되는 경우가 많다. 미국에서도 여성 리더십의 특징을 '수평적이다, 소통을 잘한다, 배려가 있다' 등으로 설명하는 경우가 종종 있는데, 이 같은 평가가 일견 타당하긴 하겠지만 여성 리더라면 이래야 한다는 프레임이 되어 여성들을 압박하고 있는 것 같다는 생각도 해본다.

남성이라고 다 권위적이지 않듯 여성이라고 다 수평적이진 않을 것이다. 남녀를 떠나 개인의 성향은 저마다 다르고, 또 조직이 원하는 리더십의 성격도 다르다. 권위적이고 강력한 리더십이 필요한 조직이라면 여성도 그러한 리더가 될 수 있는 것이며, 어떤 리더가 되느냐는 개인이 선택할 문제이므로 이런 프레임에 갇히지 않았으면 한다.

나 같은 경우는 딱히 어떤 리더가 되겠다고 처음부터 생각해보지는 않았던 것 같다. 일을 하다 보니 내가 속한 조직의 리더를 주의 깊게 관찰했고, 또 경험을 하면서 '아, 저 사람의 리더십은 이런 면이 있어 좋구나' 혹은 '나중에 내가 팀원들을 데리고 일한다면 저런 면은 절대로 닮지 말아야겠다'라고 다짐하면서 차츰 자연스럽게 지금의 성격이 만들어진 것 같다. 타고난 성품이나 인격에 따라 또 달라지기도 하겠지만, 개인적으로 내가 추구하는 리더십은 평소에는 소통과 배려를 중시하지만, 짧은 시간 내에 결과물(output)을 이끌어내야 하는 상황에서는 다소 권위적이고 강력한 리더의 모습이다. 대체로 방송뉴스라는 것은 시간에 쫓기는 일이 대부분이기 때문이다. 특히 현장에서만큼은 상황 파악과 판단의 속도가 사람의 목숨까지도 위태롭게 할 수 있기에 강력한 컨트롤 타워가 매우 중요하다.

따라서 지금 20~30대 여성들이라면 사회의 유리천장을 깨는 것도 중요하지만 본인이 훗날 높은 자리에 올랐을 때 어떤 리더가 되고 싶은지도 고심했으면 좋겠다. 막상 원하던 리더의 자리까지 올랐음에도 불구하고 내면적으로는 피해의식과 보상심리로 쪼그라들 수도 있는 것이고, 반대로 자리를 차지했으니 더 강한 신념을 가지고 자신의 영향력을 더 적극적으로 발휘하며 일할 수도 있다. 올라가는 것이 목적이 아니라 그렇게 올라가서 뭘 어떻게 하고 싶은지가 목적이 되어야 하며, 훗날의 계획은 어떤 자세로 어떤 가치를 추구하는 리더가 될 것인지, 구체적일수록 좋다.

여자라서 할 수 없을 거야, 여자니까 이렇게 해야 해, 여자가 이런다고 사람들이 이상하게 보지 않을까, 이런 두려움이 나쁜 것은 아니다. 그런 두려움은 그 자체로 인정하자. 그 위에서 내가 원하는 바가 무엇인지를 일단 찾아놓고 나만의 건강한 욕망을 키워야 한다. 그 모든 자기 의심과 두려움의 폭풍을 뚫고 지나가게 될 때까지 열정을 마음속에서 비장하게 키우고 스스로를 단련하는 시간은 멋지고 아름다운 경험이 될 것이다.

느리지만 변화는 걸음을 멈추지 않는다

뉴스 소식 중 내가 가장 좋아하고 흐뭇한 미소를 짓게 되는 기사들이 있다. 그중 하나가 바로 강경화 외교통상부 장관의 임명이었다. 그동안 여성가족부 장관, 법무부 장관도 여성이 재임한 바 있지만 기대에 비해 성과를 딱히 낸 것 같지 않아서 안타까웠다. 게다가 대한민국 역사상 처음으로 여성 대통령이 선출되어 뿌듯했었는데, 좋지 않은 결과로 인해 여러모로 여성의 사회 진출에 브레이크가 걸리는 것이 아닐까 싶어 심히 걱정스러웠던 참이었다. 또한 보수적인 한국의 조직 중 어디어디 기업이 여성 임원을 선정했다든가, 여성 CEO가 또 탄생했다는 요지의 기사는 하루를 행복하게 해준다. 그러나 부디 내가 바라는 목적지는 이런 소재가 더 이상 뉴스가 되지 않는, 너무나도 당연해서 뉴스 가치가 없어진 세상이다.

세상은 아직 남성 중심적이다. 글로벌 컨설팅업체 PwC(프라이스 워터하우스 쿠퍼스)가 OECD 33개국을 대상으로 2017년 기준으로 조사한 '2019년 직장여성 지수'를 보면 우리나라의 직장 내 여성 처우는 최하위에 그쳤다.

다만, 간혹 성차별에 대해 이야기하면서 우리나라를 지나치게 비하하는 사람도 있는데 성차별이 우리나라에만 있는 것은 아니다. 한국뿐만 아니라 미국도 언론을 비롯해 정치, 경제 등 거의 대부분의 분야에서 여전히 유리천장이 존재한다. 미국의 퓨 리서치 센터(Pew Research Center)에서 2017년 4914만 명을 대상으로 조사한 결과에 따르면, 미국에서도 42%의 일하는 여성들이 직장 내 성차별 경험이 있다고 답변했다. 그들이 느끼는 성차별 중 가장 많은 부분은, 남성보다 보수를 적게 받는다는 것, 그리고 마치 능력이 안 되는 사람처럼 취급받는다는 것 (treat as if they were not competent), 이 두 가지였다.

미국뿐 아니라 소위 선진국에 속하는 여러 나라에서도 어느 정도의 성차별은 존재한다. 그러니까 '왜 우리만 이럴까' 하면서 너무 분노하기보다는 각자 사회적 분위기와 정책결정자들의 역량에 따라 속도 조절하며 함께 성장해가는 과정이라고 받아들였으면 한다.

또한 '미국에서는 이러니까 우리도 이래야 해', '유럽에서는 저러니까 우리도 저래야 해' 하는 사대주의적 자세는 바람직하지 않으며, 지역마다 특수성과 다양성이 있기에 우리의 정서와 문화에 어느 정도 맞출 필요도 있다. 다만 글로벌 기준에 맞게 발맞추어 사회적 합의를 이루어 나가는 원동력이 필수 요소다. 유엔이나 OECD 같은 국제조직에서 표방하는 양성평등을 이루기 위한 기준, 여성의 평등한 기회를 위해서 갖춰야 하는 사회의 기본 조건 등을 부지런히 따라가며 맞춰나가는 노력이 동반된다면 매우 희망적인 미래가 올 것이라 믿어 의심치 않는다.

세상은 하루아침에 변하지 않는다. 미국에서 여성 참정권이 인정된 것이 1920년이니 이제 100주년밖에 되지 않았다. 우리나라에서는 1948년 헌법이 제정될 때 남녀평등이 명기되었으나 1958년에야 참정권을 가지게 되었다. 그동안 우리는 많은 발전을 이뤄왔고, 긍정적인 움직임은 지금도 분명 지속되고 있다.

웃으며 먼저 다가가기

Reach out with a smile

싱가포르에 본사를 둔 ABN(아시아비즈니스뉴스)에서 일할 때의 일이다. 미국 아이오와 주에 있는 미디어 리서치 연구소에서 교육을 받게 되었다. 며칠간 뉴스/보도 각 분야의 강사들에게 일대일 특별 훈련을 받는 기회였다. 오전 내내 다양한 강의를 받은 뒤 방송용 대본을 쓰는 강의에 들어갔다. 강사는 전형적인 미국 중부 여성이었다. 그녀를 만나자마자 나를 보는 눈빛이 차갑다는 걸 바로 느꼈다. 아이오와와 같은 미국 중부지역, 특히 시골에는 인종차별이 여전히 존재한다. 게다가 그곳에 훈련받으러 오는 사람들은 거의 미국 메이저 방송국의 기자나 앵커일 텐데 작은 아시아 여자가 자리를 차지하고 있으니 반은 호기심, 반은 무시하는 눈빛이 역력했다. 아니나 다를까, 그녀는 알아서 하라는 식으로 연구소 교재 인쇄물만 주고는 나가버렸다.

싱가포르에서 비행기를 두 번이나 갈아타고 거기까지 갔는데, 이건 아니라는 생각이 들었다. 그녀의 사무실로 찾아가서는 일단 대화를 시작했다.

"시차 때문에 머리가 멍해서 수다 좀 떨려고 왔어요."

그러자 강사의 얼굴에 짜증이 일렁이기 시작했고, 그 표정을 보자 무슨 말을 더 해야 할지 잠시 당황스러웠다. 그때 나도 모르게 이런 말이 튀어나왔다.

"머리 색깔 정말 예쁘네요. 내가 어릴 때 갖고 놀던 바비인형 머리색이랑 똑같아!"

칭찬은 고래도 춤추게 한다더니, 그녀의 얼굴에 갑자기 화색이 돌았다. 그러고는 자기가 머리를 왜, 어떻게 금발로 염색했는지 신나서 이야기하기 시작했다. 평생 염색 한 번 안 해보고 검은 머리로 살아온 나는 그녀의 염색 무용담을 한참이나 들어야 했다. 타이밍을 잡아야 했다. 대화의 호흡이 점차 느슨해진 틈을 타 나는 활짝 웃으며 그녀에게 물었다.

"그런데, 방송용 대본 쓰는 거 옆에서 같이 해주면 안 될까요?"

"그럼요!"

내가 건넨 작은 칭찬 한마디가 냉랭한 그녀의 마음을 녹였고, 그렇게 수업은 순조롭고 화기애애하게 끝났다. 지금 생각해보면 그런 아부가 어디 있을까 싶다. 그런데 내가 어떻게 그런 말을 아무렇지도 않게 꺼낼 수 있었을까 생각해보면, 그녀의 겉모습을 세심하게 살펴본 덕분이었다. 그녀의 옷차림, 걸음걸이, 몸동작 등을 보고서 나는 그녀가 외모를 극도로 중시하는 사람이라는 정보를 얻었다. 그 사람은 '자신이 어떻게 보이는지'가 굉장히 중요한 사람이었고, 나는 관찰을 통해 그 정보를 제대로 습득했고, 효과적으로 활용한 것이다. 물론 계획하거나 의식한 것은 아니었다. 나도 모르는 새 자연스럽게 나온 반응과 행동, 말이었다. 그건 내가 이방인으로 살아오며 터득하고 익힌 '생존의 기술'이었다.

경험과 상처, 노력으로 얻은 무기

나는 초등학교 때 아버지 일 때문에 미국에서 몇 년을 보냈다. 1970년대에 백인들이 주류인 학교에서 유색인종으로 생활한다는 것은 상상 이상으로 어려운 일이었다. 언어 문제는 물론이고, 나를 괴롭히는 백인 아이들도 있었다. 특히 또래 학부형들이 나를 쳐다보는 그 낯선 눈빛을 보며 '내가 이상해서 쳐다보나 보다' 라고 느꼈던 것 같다.

살아남기 위해선 전략이 필요했다. 어떻게 하면 따돌림을 당하지 않을지, 어떻게 하면 친구들이 나에게 호감을 가질지 궁리하고 또 궁리했다. 그리고 행동으로 옮겼다. 공부도 열심히하고 수영, 기계체조, 합창, 뮤지컬 등 온갖 방과 후 수업에도 참여했다. 웅크리기보다 나를 펼치면 펼칠수록 친구가 하나둘씩 생기기 시작했다. 살아남으려면 다양한 것을 할 줄 알아야한다는 것을 어린 나이에 일찌감치 깨달았다.

한국으로 돌아와 대학에 입학했고, 다시 미국 유학길에 올랐을 때 또다시 낯섦에 적응해야 했다. 세월이 흘러도 나는 여전히 소수민족이었다. 사람들은 한국이 어디에 있는 나라인지도 몰랐다. 무시당하고 차별당하는 일도 다반사였다. 그때 내가 택한 방법은 그저 참을성 있게 설명하고 또 설명하는 것이었다. 내가 어디에서 왔는지, 한국이라는 나라는 어떤 곳인지, 친절하게 알려주면서도 무엇보다 '내가 영어는 잘 못해도 지적으로 당신과 다르지 않다. 아니 오히려 뛰어나다' 라는 메시지를 전달하려고 노력했다. 그래서 조리 있게 설명하기 위해 많은 연습을 했다. 다행히 사람은 달라도 질문은 "한국? 거기가 어디야?"라는 반복되는 질문이었으니 나도 똑같은 답만 준비해놓으면 되었던 것이다.

양식이 있는 사람이라면 이렇게 자기 자신을 어필했을 때 관심을 가지고 받아들여준다. 반면 내가 뭐라고 떠들든 무신경한 사람도 있다. 이런 사람도 내 편으로 만들 수 있을까? 내가 경험한 바로는 가능했다. 그 방법은 바로 인간 누구나 갖고 있는, 인정받고 싶은 욕구를 자극하는 것이다. 그 사람을 분석해서 그가 원하는 칭찬을 해주는 것. 내가 그 금발머리 여강사에게 한 것처럼 말이다.

낯선 곳에서 자연스럽게 사람들과 섞이기 위해서는 눈치가 빨라야 하고, 분위기를 읽을 줄 알아야 한다. 또 상대방을 재빨리 관찰해서 파악해야 한다. 그 사람이 나를 부당하게 대한다고 해서 무조건 피하거나 미워만 할 게 아니라 관심을 가지고 분석해야 한다. 그래야 경계할지, 가까이 해도 되는 사람인지 판단할 수 있고, 내 편으로 만들 전략도 짤 수 있다. '지피지기 백전백승'이라는 말은 세계 어디서나 통한다.

세상에는 참 다양한 사람이 있다는 것을 지금껏 몸으로 부딪히며 느껴왔다. 그러면서 알게 된 것은 내가 옳다고 해서 무조건 들이받는 것이 능사는 아니라는 것이다. 인간관계에 상처 주지 않으면서도 얼마든지 문제를 해결할 수 있다. 설사 아부를 좀 떨어야 하는 상황이라도 그것을 비굴하다기보다는 하나의 전략으로 여겨야 한다. 자존심이 무척 강했던 내가 일찌감치 깨달아야 했던 사회생활 룰 넘버원은, 모르면 배워야 하고, 무의미한 자존심은 빨리 내던질 줄 아는 모험심이 더 중요하다는 것이다.

물론 말처럼 쉬운 일은 아니다. 나 역시 다른 사회와 문화를 오가며 살아야 했기에 오랜 시간 스스로 훈련하면서 조금씩 터득할 수 있었다. 편견과 오해에 부딪히면 억울함에 혼자 분을 삭이기도 하고, 어떻게 해서든 그걸 풀어보려고 몇 날 며칠을 고민해보기도 했다. 마음으로는 들이받고 싶었지만 머리로는 참고 넘기는 것이 현명하다고 판단해 가슴 깊이 상처를 꾹꾹 묻어둔 적도 많았다. 그런데 지금 돌이켜보면 그 치열했던 시간이 나를 더 단단하게 만들어주었다. 몸으로 부딪치며 얻은 경험은 이제 강력한 무기가 되었다.

여성성을 활용하라

Femininity is our strength

2014년 12월 29일 에어아시아 비행기가 인도네시아 수라바
야에서 싱가포르로 향하다가 자바 해에서 추락하는 사건이 터
졌다. 162명 탑승자 전원이 사망했다는 소식에 급히 수라바야
로 갔는데, 그곳은 에어컨도 없는 낙후된 공항이었고, 현장은
북새통이었다. 공항 안으로는 취재진을 못 들어가게 해서 차
안에서 일명 '뻗치기'를 나흘간 해야 했다. 전 세계가 촉각을

곤두세우고 있었고, 그 부분은 에어아시아 측에서 정보를 먼저 제공해주어야 하는데 시간이 지체되어 공항 주차장에서 마냥 24시간 대기하고 있었던 것이다.

답답한 상황 속에서 에어아시아의 CEO인 토니 페르난데스가 말레이시아에서 수라바야로 날아온다는 소식이 들렸고, 말레이시아인인 그는 영국에서 학교를 다녀 마침 영어가 유창하다는 정보까지 입수했다. 어떻게 해서든 그를 잡아서 질문해야 하는 상황이었다. 도착하기 전에 그에게 인터뷰 요청을 하고자 모든 수단과 방법을 동원하여 지인의 지인까지, 사방에 전화를 했지만 그와 연이 닿는 사람을 찾을 수가 없었다.

발만 동동 구르고 있는 가운데 어둠 속에서 그가 나타났다. 토니 페르난데스가 정부 관계자들과 함께 기자들 쪽으로 다가왔는데 프레스 라인도 없어서 순식간에 수십 명의 기자들이 그를 둘러쌌다. 나도 다른 기자들과 함께 공격적으로 달려들 수밖에 없었다.

취재경쟁을 할 때는 남녀가 따로 없다. 특종을 위해 뛸 뿐이다. 30도가 넘는 더위와 달아오른 아스팔트 위를 냅다 달려갔지만 너무 늦어 앞자리를 차지하지 못했다. 50~60명 정도 되는 기자들은 대부분이 남성이었고, 다른 기자들이 질문을 하자 그는 계속 손사래를 쳤다. 키가 작은 나는 뒤에서 필사적으로 손을 휘저었다. 그런데 갑자기 그가 나를 지목하더니 질문하라고 했다. 보통 가까이 있는 기자들한테 기회를 주는데 저 너머에 있는 나를 콕 집은 것이다.

"기체 결함과 조종 미숙 때문 아닙니까?"

나는 큰소리로 이렇게 외쳤고 그가 뭔가 대답을 했다. 그리고 잠시 후 일행들과 도망치듯 떠나는 그를 끝까지 따라가서 질의 응답을 주고받았다. 그가 떠나고 나서 다른 기자들이 모두 나에게 몰려와 오히려 나를 인터뷰하기 시작했던 기억이 인상 깊게 남아 있는데, 여전히 그가 왜 나를 지목하고 유독 내 질문에만 답했는지는 모르겠다. 남자들 속에서 혼자 여자라 튀었을 수도 있고, 혹은 안쓰러워 보였을지도….

이유야 어찌 됐건, 이처럼 해외 여러 나라에서 취재를 하다 보면 내가 여성이라는 점이 득이 될 때가 의외로 잦다. 서양뿐만 아니라 소위 후진국에서도 '레이디 퍼스트'가 뿌리 깊게 박혀 있기 때문이다. 물론 외신기자라는 신분 때문에 함부로 대하기 힘들 수도 있으며, 그 나라에서 큰일이 벌어져 취재하러 온 외부인에게 현지 사람들은 대체로 두 가지 감정을 갖는다는 것을 경험을 통해 터득했다. 일단 '저 사람을 조심해야겠다'고 받아들이고, 다음으로 '저 사람에게 이 일에 대해 제대로 알려주어야겠다'고 느끼는 것 같다. 또한 분명한 것은 어느 나라를 가도 같은 외국인을 접하면 남성보다는 여성에게 더 친절하게 대해주는 경향이 있기도 하다.

공감과 몰입, 여성들의 장점

공감능력은 남성보다 여성이 태생적으로 더 유리하다. 실제로 남성 호르몬인 테스토스테론 수치가 높으면 호전적이고 자기중심적으로 변함과 동시에 공감능력이 현저히 떨어진다는 과학적 연구결과가 있다. 공감은 타인의 감정을 추론하는 능력이다. 추론을 하기 위해서는 몰입이 필수 요소이고, 몰입은 바로 개별성에 주목하는 것이다. 특히 기자로서 누군가를 취재하고 인터뷰할 때에는 상대방, 그 한 사람의 존재감과 개별성에 집중해주고 몰입해야 조금이라도 이야기를 더 끄집어낼 수 있다.

인터뷰이는 인터뷰어를 경계하기도 하지만, 동시에 본인의 이야기가 많은 사람에게 전해지기를 바라는 마음이 있기에 인터뷰에 응했을 터, 그에게 초인적인 몰입을 하다가 서로의 주파수가 맞는 순간 기적 같은 일이 일어나게 되어 있다. 스토리텔링을 잘하는 기자는 바로 이런 공감능력으로 그 기적의 순간을 훌륭하게 자주 이끌어낼 줄 안다. 그런데 지금까지 경험하고 관찰한 바, 특히 내가 속한 ABC 뉴스에서 스토리텔링을 잘하고 인터뷰를 노련하게 끌고 갈 줄 안다고 인정받는 선후배들은 주로 여성 언론인들이다.

나 또한 관심을 갖고 싶은 사람을 만나면 나의 공감과 몰입 능력을 즐기고 활용하는 편이다. 2018년 태국 동굴 소년 사건 때의 에피소드인데, 현지인들이 서양인은 껄끄러워하는 반면, 같은 아시아인에다 여성인 기자가 다가가는 것을 오히려 편하게 받아들인다고 느낀 적이 있다. 당시 동굴에 갇힌 소년들의 가족들이 구조를 기다리며 모여 있는 집이 있었는데, 애간장이 타는 가족들을 인터뷰하고자 하는, 전 세계에서 몰려든 기자들의 접근은 금지했다. 워낙 국제적으로 관심이 많았던 사건인데다가 사실 취재할 수 있는 소재가 '애타게 기다리는 슬픔에 빠진 가족' 스케치밖에 없었던 터라 벌떼처럼 몰려드는 기자들이 감당이 안 되는 눈치였다. 가족들의 조용한 기도를 방해하고 싶지는 않았지만, 그럼에도 불구하고 우리 팀은 언론 입장에서 가족들의 정황과 반응을 살펴보지 않을 수 없었다.

모두 눈치만 보고 있는 사이, 밤에 슬쩍 집 앞으로 가봤더니 태국 중년 남성이 경비를 보고 있었다. 들여보내주면 안 되냐고 떠보았는데, 예상대로 단칼에 거절당했다. 하지만 포기하기 싫었다. 누군가를 어떤 목적으로 설득해야 하는 상황일 때 나는 우선 목적보다는 먼저 그 사람 자체에 집중해서 관심을 표하고 사변적인 이야기를 나눈다. 오랜 기자생활 경험의 노하우랄까. 어느 누구나 자신이 맡은 임무와 책임, 그리고 자신이 가진 권력에 누군가 관심을 보이면 경계를 하게 마련이기 때문이다. 사변적인 이야기로 시작하는 것이 오히려 상대의 마음을 쉽게 열 수 있는 방법이다.

그는 경찰이고 30년간 경찰 생활을 했다고 했다. "고참이신데 몇 시간째 보초를 서고 있으니 나도 타지에 와서 고생 중이지만 이 오밤중에 체력적으로 녹록지 않겠어요. 구조를 기다리는 아이들도 감사하게 생각할 거예요"라는 말을 건네며 이곳 지방 사람들은 매우 'friendly and peaceful' 즉, 친화적이고 평화로운 분들인 것 같다고 말했다.

대화의 벽을 허무는 가장 효과적인 방법 중 하나는 무엇보다 상대방이 처한 상황과 노고를 이해하고 공감해주는 것이다. 30년 경찰 생활이면 아무리 위기 상황이라 할지라도 밤새워 보초를 설 군번이 아닌데 그는 진정 동네 아이들의 생환이 염려되어 봉사 차원에서 나와 일을 하고 있는 것이라 지레짐작했다. 공감은 사람과 사람 간에 국적과 문화를 넘어서는 놀라운 능력이 있고, 나의 말 한마디가 그에게 와 닿았는지 처음 우락부락했던 표정이 얼음 녹듯 사그라지면서 그는 어느새 하얀 이를 드러내며 커다란 미소를 보이기 시작했다.

이런저런 이야기를 하다가 그는 언어적 장벽 때문에 나와의 대화가 답답했는지, 자신의 딸도 사실 경찰인데 본인보다는 영어를 잘한다면서 딸과 가족들도 여기서 자원봉사 중이고, "지금은 저쪽에서 베이스캠프에 있는 구조대원과 자원봉사자들을 위한 간식을 일주일째 만들고 있다"며 자랑스럽게 귀띔해주었다. 기회를 놓칠세라 나는 "그렇다면 딸과 인터뷰했으면 좋겠다"고 제안했으나, 그는 딸이 분명 인터뷰는 하지 않을 테지만 소개는 해주겠다고 했다.

그렇게 그의 딸을 만나 인사를 하고 기자들을 경계하는 그녀의 눈빛을 받으며 설득 중이었는데 그녀의 시선이 자꾸 내 손에 들려 있는 방송용 화장품 콤팩트에 가는 것을 눈치챘다. 나는 곧바로 대화의 화제를 돌려 다양한 코리안 뷰티 상품에 대해 수다를 떨며 무뚝뚝한 인상의 그녀의 긴장을 풀어주고, 그녀의 관심사에 공감해주었다. 결국 그녀는 그날 밤 유창한 영어로 ABC 뉴스를 위해 인터뷰를 해주었고, 심지어 그녀의 아버지는 그다음 날, 기자들을 피해 장소를 옮긴 가족들이 어디로 갔는지 나를 찾아와 살짝 귀띔해주고는 총총 사라지셨다. 덕분에 우리 팀은 단독으로 가족들의 모습도 카메라에 담고 몇 마디 대화도 나눌 수 있었다. 다행히 그 소년들은 17일 만에 함께 갇혔던 코치와 함께 전원 구조되었다.

취재 중 가장 힘든 시간이 슬픔과 충격 속에 있는 피해자들의 이야기를 끄집어내야 할 때인 것 같다. 유가족을 만날 때도 가장 먼저 해야 할 것은 공감이다. 슬퍼하는 사람들에게 무턱대고 마이크를 들이대서는 안 된다. 울고 있으면 등을 두들겨주며 안정시키는 게 먼저다. 그런 다음 왜 이런 인터뷰를 하는지 설명해준다.

내 경험상 유가족들은 대체로 충격과 불안감에 휩싸였다가 시간이 지나면 분노의 감정에 빠지게 되는데 인터뷰어로서 유의해야 할 점은 그렇게 감정이 변하는 타이밍을 잘 알아채서 인터뷰이의 감정선에 적절히 맞추어 질문해야 한다는 것이다. 이런 면에서는 확실히 남성보다 공감능력이 상대적으로 뛰어난 여성이 유리하다고 느낀다. 여성은 여성을 더 편안하게 느끼고, 남성은 남성대로 같은 남성보다 여성이 다가올 때 덜 경계하는 것을 자주 경험했다.

이러한 장단점을 잘 아는 조직에서는 여성성이 통할 수 있는 현장에 일부러 여성 기자를 내보내기도 한다. 이를 성차별이라고 여기는 시선도 있겠지만 나는 개인적으로 동의하지 않는다. 남성 기자들은 그들대로 남자가 잘할 수 있는, 육체적으로 도전받는 현장에 투입되면 되는 것이고, 여성 기자들은 사람의 마음에 공감이 절실히 필요한 곳에서 취재하는 것이 맞다고 본다. 물론 흑과 백으로 나누어 꼭 그렇게 해야 한다는 것이 아니라, 대체로 그렇다는 말이다.

여성과 남성은 분명 다르다. 남녀의 차이로 인한 일을 희생이나 손해로 여기기보다 조직을 위해 내가 할 수 있는 일을 열심히 하겠다는 마인드를 갖는 게 중요하다. 여성성은 어떻게 활용하느냐에 따라 짐이나 족쇄가 아니라 내 일에 날개를 달아줄 수도 있다.

일터에서의 애교는 미덕이 아니다
Maintaining professionalism with femininity

내가 이 책을 통해 이야기하는 여성성이란, 어디까지나 긍정적이고 고급스러운 범위 내에서의 여성성을 뜻하는 것이다. 섹스어필의 의미가 아니다. 그런데 간혹 직장 내에서 여성 직원이 남자 상사와의 부적절한 관계를 이용해서 승진하는 경우가 있다. 물론 근거 없는 루머인 경우도 있지만 사실인 경우가 종종 있는데 나 역시 경쟁하던 여자 동료가 그런 방식으로 먼저 승진하는 것을 본 적이 있다. 그러나 내가 그녀를 비난할 일은 아니라고 생각했다. 부당한 일에는 응당 대가가 따르기 때문이다. 타고난 여성성을 저급하게 활용하면 처음에는 성공하는 것처럼 보일지 모르지만 부정은 어차피 탄로가 나게 되어 있다. 제대로 된 조직이라면 능력 없는 사람이 편법으로 윗자리에 올랐을 때 티가 나기 때문이다.

또한 그 자리에 오르기 위해 상사와 부적절한 관계를 맺어야 한다면, 그렇게 하지 않은 내가 오히려 승자라는 우월감이 들었다. 부적절한 방법으로 승진을 하거나 내가 원하는 보직을 맡느니 실력을 다지며 좋은 기회를 기다리는 것이 더 낫다고 생각했다. 냉정하게 말해, 누구를 승진시키느냐에 대한 결정은 권력을 가진 사람의 판단이자 특권이므로 내가 어떻게 할 수 있는 일이 아니다. 그러니 그런 일로 우울해한다면 괜히 시간 낭비, 감정 낭비다. 많은 사람들이 공감할 거라 생각한다.

결국 일터에서 롱런하는 사람은, 무너지지 않는 마인드와 제대로 된 실력이다. 나는 언제나 '매력 있는 여성' 이전에 '매력 있는 사람'이 되고 싶었고, 그렇게 되기 위해 부단히 노력했다. 지금은 어떠한 장애물이 앞을 가려도 묵묵히 일을 끌고 나가는 내공을 길렀다고 자부한다.

일할 때는 애교보다 당당함을 장착하자

한국에서 일하며 발견한 한국 여성들만의 특징이 있다. 특히 내가 관리자의 입장이 되고 보니 직원들이 사람을 대하는 태도를 보며 느낀 점이 있다. 바로 '애교'에 관한 것이다. 애교라는 것은 우리나라에만 있는 개념이라 영어로 옮기려면 마땅히 옮길 말이 없다. 영한사전을 보면 'charms, winsomeness, attractiveness'라는 단어들로 정의되어 있는데, 서양 동료들과 일하면서 느낀 점은 애교 부리는 여성을 이런 단어들로 절대 표현하지 않는다는 것이다. 엄밀히 말하자면, 한국적 애교에 맞닥뜨리면 그들은 오히려 당황해하기 일쑤인데, 그런 여성들을 '이상하다(strange), 매우 아이 같다(intensely childish) 혹은 웃긴다(funny)'라는 말로 표현한다.

한국에서 TV를 보면 가끔 어린 연예인에게(남녀 불문하고) 애교를 부려달라는 요청을 하는 것을 종종 보는데 우리 문화에서는 '애교 많은 사람=매력 있는 사람'이라는 인식이 있는 것 같다. 그게 나쁘다는 것은 아니다. 문화적 특성이기도 하고, 부모나 애인 등 사적인 관계에서 애교를 잘 부리는 사람이 사랑스러워 보이기도 한다. 하지만 직장에서라면 이야기가 달라진다. 간혹 여자 직원들이 남자 상사나 동료를 대할 때 애교가 섞인 말투나 동작을 하는 것을 목격하는데, 몸을 배배 꼬는 것부터 시작해서 아기 같은 말투를 쓰는 등 동성 앞에서는 절대 보이지 않을 모습을 보이기도 한다. 물론 특별한 의도를 가지고 그러는 것이 아니라 이성 앞에서 하는 행동이 습관처럼 몸에 배어서 무의식중에 나오는 행동일 것이다. 사회 경험이 적은 인턴들을 보면 특히 그런 경우가 많다.

집과 학교에서 친한 지인들이나 부모님 혹은 애인 앞에서나 하던 애교를 직장으로까지 가져오는 것은 위험하다. 특히 직장 상사에게 가장 조심해야 할 게 애교다. 나도 그렇지만 상사는 직원들을 볼 때 두 가지 면을 보게 된다. 하나는 '일을 잘하는가' 하는 일적인 측면이고, 또 다른 하나는 '커뮤니케이션을 잘하는가' 등의 인간적인 측면이다. 그런데 직장 상사에게 애교로 다가서면 상사는 애교 부리는 내가 예쁜 거지, 일을 잘하는 내게 호감을 느끼는 게 아니다. '애교 많은 직원'이라는 이미지에 스스로를 가두게 되면, 결국 아무리 일을 잘해도 그 점을 어필하기는 점차 더 어려워지고, 대신 애교가 부족해지면 상사는 그것을 섭섭하게 여기게 된다. 결국 '미래 없는 애교'를 계속 부리다가는 직장에서 스스로 무덤을 파게 될 것이다. 더군다나 기자 같은 직업을 가진 사람이 취재원 앞에서나 공식적인 자리에서 그런 태도를 보이면 더욱 곤란하다. 프로답지 못하고 자칫 우스워 보일 수도 있기 때문이다. 그래서 나는 그런 직원을 보면 "몸을 꼬지 말고 당당하게 서서 인사하고 악수를 청해야 한다…. 몸 꼬지마, 지금 또 꼬고 있네"라고 연습을 시키기도 한다.

일터에 갈 때는 애교는 집에 두고 오라. 별것 아닌 것처럼 같이 보일지 모르지만 사회생활을 해본 사람이라면 태도와 첫인상이 얼마나 많은 것을 결정하는지 절감할 것이다. 자신도 모르는 새에 그러고 있는 건 아닌지 점검해보자. 자각을 해야 고칠 수 있다. 그런데 스스로를 관찰하는 건 쉽지 않다. 주변 사람들을 관찰해보면 좋다. 주변 사람이 여자와 남자를 대할 때 어떻게 다른지, 그 미묘한 차이를 관찰하여 타산지석으로 삼자.

때로 나는 별 뜻 없이 한 행동이나 말에 상대방 남자는 다른 의도가 있다고 오해를 할 수도 있다. 상대방이 오해했다 싶으면 되돌릴 책임은 결국 나에게 있다. 나도 외국에서 살 때 몸에 익은 스킨십을 한국에서 했다가 상대방에게 위화감을 느끼게 한 적이 많다. 문화적 차이를 새삼 느끼고 적절한 선이 어디인지 고민을 많이 했다. '저 사람이 오해한 거지, 내 책임은 없어'라고 무심히 넘기기보다 오해받지 않는 선이 어디인지 인지하고 주의해야 한다.

플러스 옵션은 내가 만든다
Make your own alternative options

　　한때 '탈코르셋 운동'이라는 것이 화제가 되었다. 다이어트, 화장 등 여성에게만 강요되는 외모 잣대에서 벗어나자는 의미의 운동이다. 이런 페미니즘 운동 자체는 찬성하지만 워낙 모든 전체주의적인 것에 거부감을 갖고 있는지라 너무 급진적, 극단적으로 흐르는 것에는 반대한다. 탈코르셋 운동에서 유의할 점은 내가 좋아서가 아니라 '사회적 억압으로 인해 어쩔 수 없이 할 경우'에 있다. 모두가 남에게 잘 보이기 위해 꾸미는 건 아니기 때문이다. 자기 자신이 치장하는 것을 즐기는 사람도 분명 있는데 그런 사람에게 탈코르셋을 강요할 수는 없는 일이다.

예를 들어, 뷰티에 관심이 많아 화장을 하는 것을 즐기는 사람도 있고, 그것을 귀찮아하는 사람도 있는 법. 나는 후자다. 방송 아나운서들에게 인기가 많은 권선영 메이크업아티스트의 표현을 빌리자면, 나는 '곰손'인지라 화장하는 재주도 없거니와 시간이 아까워서 평소에는 거의 메이크업을 하지 않는 편이다. 방송 촬영을 위해 헤어와 메이크업을 받으며 앉아 있어야 하는 그 짧은 한두 시간도 늘 하염없이 길게 느껴지고 답답하며 지루하다. 이 또한 나의 지극히 개인적인 성향일 뿐 무슨 거창한 동기나 의식 혹은 의도가 있는 건 아니다.

탈코르셋을 비롯한 페미니즘 운동은 '이런 선택지도 있다'는 것을 알려주는 데 의의가 있다고 생각한다. 화장을 하지 않고 밖에 나가면 큰일이 나는 줄 알고, 브래지어를 하지 않으면 수치스럽다고 생각했던 여성들이 '그런 것을 하기 싫으면 하지 않아도 된다'는 선택지 하나를 더 얻는 쾌거를 이룬 것이랄까?

이는 포스트페미니즘(Post-feminism)과도 일맥상통한다. 이

전의 전통적인 페미니즘이 여성도 남성과 평등한 권리를 가져야 한다고 주장했다면, 포스트페미니즘은 개인의 선택을 더 강조한다. 가정보다 직장을 우선시하든 전업주부가 되든, 비혼으로 남든 여성 개인의 선택에 달려 있다고 보는 것이다. 또 전통적인 페미니즘이 여성차별을 사회적 맥락에서 크게 해결하려 했다면, 포스트페미니즘은 사회의 다양한 분야에서 일어나는 차별을 개선하기 위해 여성들이 각자 자기 가치관에 따라 행동하고 노력해야 한다고 믿는다. 이런 관점에서 보면 브래지어를 하든 안 하든, 화장을 하든 안 하든, 모두 개인의 자유이고 선택이라고 생각한다. 같은 여성이라도 사람은 저마다 기호가 다르고, 또 시간이 흐르면서 한 사람의 기호 또한 그때의 생각과 사상에 따라 변화하기 때문이다.

나의 선택만큼 타인의 선택도 존중하라

다만 T. P. O(time, place, occasion)를 지키는 것은 현대인으로서 기본인 동시에 매우 중요할 것이다. 시간과 장소, 경우에 따라 옷을 입는 것은 문명인의 특권이자 상징이라고 생각한다. 예를 들어, 파티에서 드레스코드가 있으면 성심껏 따르는 것이 주최자에 대한 예의이고, 시상식에 간다면 성장(盛裝)을 하는 것 또한 예의다.

일터에서도 마찬가지로 그 직업에 어울리고 맞는 복장은 잊지 말아야 할 상식일 터, 폭염이라 힘들다고 직원들이 숏팬츠에 슬리퍼를 신고 출근한다면 함께 일하는 사람들에 대한 예의가 아니다. 본인의 신념대로 탈코르셋 운동에 동참한다는 미명하에 카메라 앞에서 보도를 해야 하는 방송기자가 단정한 헤어와 기본 메이크업도 없이 촬영에 임하고, 상을 받는 배우가 시상식에 트레이닝복 같은 옷을 입고 오는 것에는 동의하기 어렵다.

그럼에도 불구하고, 다른 사람의 삶의 방식은 그것대로 또한 존중해줘야 건강한 사회를 이루어 살 수 있다고 생각한다. 설사 마음에 안 들더라도 '탈코르셋 운동을 하는 사람이라 저렇게 왔구나'라는 선에서 받아들이는 여유를 가지는 편이 바람직하지, 상대방을 비난하고 험담하는 수준까지 가는 것은 나의 또 다른 옵션을 막아버리는 미성숙한 결과를 초래할 것이다. 자신에게 직접적인 피해를 주지 않는다면 어디까지나 오픈마인드를 유지하는 것이 현명하다. 만약 내가 주최하는 파티에 게스트가 드레스코드를 지키지 않았다면 물론 나는 불쾌할 수 있다. 그러나 그 사람을 비난할 권리는 없다. 마음속 블랙리스트에 조용히 올려놓은 후 다음 파티에 그 사람을 초대 안 하면 그만이니까.

여기서 꼭 기억해야 할 중요한 포인트는 나와 타인의 선택과 결정에 '이중 잣대'로 접근하지 않는 성숙한 태도와 의식이다. 요샛말로 '내로남불'. 나의 선택은 쿨한 것이고 상대방의 선택은 반사회적이라고 단정 짓지는 않는지 자신을 되돌아보는 것은 필히 거쳐야 할 절차다.

사람은 누구나 자신의 의지와 자유를 펼치되 더불어 사는 세상 속에서 조화도 이루어 나가야 한다. 그 안에서 균형을 잡는 게 만만한 일이 아닐뿐더러 실수도 하고 후회도 하게 되는 법이다. 그러므로 첫째, 먼저 자신이 뭘 원하는지를 알아야 하고 둘째, 나의 선택이나 행동이 후회스러운 결과를 초래한다 하여 낙심할 필요 또한 없으며 셋째, 그 경험을 통해 다음 기회에는 한 단계 업그레이드된 결정을 하면 되는 것이다. 이 과정을 수없이 거치면서 성숙해가는 자신을 대견스럽게 여기고, 무엇보다 그 기간을 즐기는 노하우를 기르는 것이 정신 건강에 크게 도움이 된다고 믿는다.

나의 선택을 사회가 억압한다면 같은 곳을 바라보는 사람들과 연대하는 것도 현명한 선택이다. 요즘은 인터넷과 다양한 커뮤니케이션 통로들 덕분에 쉽게 만날 수 없었던 지구 반대편의 그 누구와도 연대할 수 있으니 시간과 노력을 투자하면 같은 의식과 기호를 나눌 수 있는 동지(companion)를 얼마든지 찾을 수 있다. 나의 욕망 및 소신과 사회의 요구, 이 모두에 귀를 기울이며 조화를 이루려고 노력하다 보면 우리 사회는 장기적으로, 조금 느리더라도 결국 더 나은 곳으로 나아간다고 믿어 의심치 않는다.

워킹맘에게 진정으로 필요한 것
What working moms truly need

　여성들이 더 큰 꿈을 갖고 더 높은 곳으로 향하기 위해서는 개인의 능력이나 태도도 중요하지만 사회적인 시스템이 뒷받침되어야 한다. 출산이나 육아로 경력이 단절된 여성을 뜻하는 '경단녀'라는 말을 들으면 참 안타깝다.

　통계청의 '2019 일·가정 양립 지표' 보고서에 따르면 기혼여성 취업자 중 19.2%가 경력 단절을 경험했고, 가장 큰 이유는 육아(38.2%)였으며 결혼(30.7%)과 임신·출산(22.6%)이 뒤를 이었다. 경력 단절 여성은 30대가 가장 많고, 그다음이 40대였다. 저출산 문제에서도 육아, 교육비에 대한 부담, 그리고 여성으로서 임신과 출산에 따른 경력 단절이 대표적인 원인으로 꼽힌다. 실제로 결혼정보업체 '듀오'가 전국 25~39세의 미혼남녀 1000명을 대상으로 조사한 '2019 출산 인식 보고서'에 따르면 저출산 원인으로 일과 가정 양립의 어려움(32.5%)과 육아로 인한 경제적 부담(25.8%)을 가장 크게 꼽았다.

후배들이나 주변 지인들을 봐도 한창 경력을 쌓아야 할 30~40대에 육아 문제로 고민하는 여성이 많다. 보육도우미를 쓰려고 해도 월급의 75%가량을 지불해야 하니 여간 부담되는 게 아니다. 그러느니 엄마가 일을 포기하고 아이 곁에 있는 게 낫다는 판단을 하는 것도 무리는 아닌 셈이다. 부모님이 도와주기도 하지만 자식 다 키워놓고 노후를 맞은 부모에게 또다시 희생을 강요하기도 어려운 것이 현실이다. 게다가 아이가 아프기라도 하면 곱지 않은 눈길을 받으며 조퇴하거나, 그마저도 여의치 않아서 발을 동동 구르기도 한다.

대부분 고학력에다 한창 일할 나이의 여성들이 가정과 육아 때문에 일하지 못한다면 엄청난 사회적 낭비이고 국가 경쟁력의 손실이 아닌가. 정부에서는 육아지원제도나 보육지원을 확대한다고 하고 '공동육아' 같은 대안도 제시하지만 이런 것들이 과연 근본적인 해결책이 될까? 분명 현실적인 한계가 있고 육아 불안을 달래기엔 역부족이다. 방법은 없는 것일까? 능력 있는 여성들이 경력을 쌓고 자아실현을 이루려면 결혼도, 출산도 포기해야 하는 것일까?

현실적인 대안, 외국인 가사도우미 제도의 도입

홍콩과 싱가포르에서 일할 때 인상적이었던 건 '아마' 혹은 '헬퍼'라고 불리는 외국인 가사도우미의 존재였다. 필리핀, 인도네시아 등에서 온 이들은 가정에 입주해 한 달에 40만~60만 원 정도를 받고 집안일과 아이 돌보는 일을 해준다.

홍콩과 싱가포르는 왜 외국인 가사도우미를 적극 활용하고 있을까? 가사와 육아 비용에 대한 부담을 줄여줘야 여성 인력을 더욱 활발히 활용할 수 있고, 이것이 경제 활성화로 이어지기 때문이다. 싱가포르는 육아 비용을 줄여주기 위해 외국인 가사노동자의 임금을 출신 국가에 따라 다르게 하고 있다. 예를 들어 필리핀 출신 노동자들은 필리핀 기준에 따라 임금을 책정한다. 홍콩에서는 외국인 가사노동자에게는 최저임금을 적용하지 않고, 그 대신 외국인 가사노동자에게 지급해야 하는 최저임금을 따로 정한다.

그 외에 대만에서도 외국인 가사도우미가 허용되어 있고, 일본 역시 2015년부터 도쿄, 오사카 등 국가전략특구에 외국인 가사도우미를 허용했다. 맞벌이 가구가 늘어나고 고령화로 인해 독거가구도 늘어나면서 그 필요성을 인지한 것이다.

나도 싱가포르에서 일할 때 외국인 가사도우미를 고용했었다. 일의 범위에 대해 명확히 계약서를 쓰고 일을 하기 때문에 직업인으로 상호 존중하며 함께 생활할 수 있었다. 가족의 생계를 위해 외화를 벌고자 해외로 나온 것인 만큼 직업의식도 아주 투철해서 무척 만족스러웠다.

우리나라에서는 월급 200만 원 받는 여성이 월급에 맞먹는 보육비를 감당하지 못하고 경력을 포기한다. 하지만 월 50만 원 정도로 이런 가사도우미를 쓸 수 있다면 경력도 쌓고 그 시간 동안 월급을 올릴 기회 또한 얻을 수 있는 것이다. 아무리 보육시설을 늘려도 누군가 집에서 함께 먹고 자며 아이를 봐주는 것과는 천지차이다. 따라서 나는 홍콩과 싱가포르처럼 외국인 가사노동자를 들이는 것이 워킹맘들에게 훨씬 더 현실적이고 효율적인 대안이라고 생각한다.

그런데 현재 우리나라에서 가사도우미로 일할 수 있는 외국인은 재외동포나 결혼이민자처럼 내국인에 준하는 신분을 가진 사람들로 제한된다. 이미 수년 전부터 외국인 가사도우미를 합법화해서 저렴한 비용으로 워킹맘들의 부담을 덜어줘야 한다는 주장이 있었던 걸로 기억한다. 정부 역시 2016년 기획재정부 경제정책 방향 안건으로 외국인 가사도우미 도입을 검토했지만 저임금으로 인한 불법 체류, 국민 일자리 침해, 인권 침해 등을 이유로 반대하는 목소리 때문에 논의가 중단되었다고 한다.

이 문제가 여전히 수면 아래에 잠겨 있는 것 같아 안타깝다. 우리 사회의 여성들이 이런 대안이 있다는 것을 인지하고 조금 더 목소리를 냈으면 한다. 가정을 가진 남성들도 마찬가지다. 어떤 일에든 장단점이 있을 수 있지만 경중을 따지고 부작용을 최소화하는 방안을 함께 고민할 수 있을 것이다. 앞으로 이 문제에 대해 본격적으로 사회적 논의를 진행했으면 하는 바람이다.

Why not? 안 되는 건 없다
Making choices to test yourself

내가 어릴 때만 해도 여자라서 해서는 안 되는 일이 참 많았다. 여자는 큰소리를 내면 안 된다, 뛰어다니면 안 된다, 다리를 벌리고 앉으면 안 된다…. 이런 사소한 것에서부터 남동생은 되는데 왜 나는 안 되는지 억울할 때가 많았다. 나는 어릴 때부터 '여자라서 안 되는 그 모든 것'에 반발심이 컸다. 더군다나 초등학교 때 3년간 미국에서 생활하며 우리나라와 너무나 다른 사회문화적 차이를 경험했다 보니 한국의 여성 억압적인 환경을 이해하기 힘들었다.

그때만 해도 '여자는 적당히 공부해 좋은 집에 시집가는 것이 최고'라는 생각이 일반적인 시절이었고 요즘처럼 자기계발에 힘쓰기보다는 '참한 규수'로 자라는 것이 미덕이었다. 특기로 운동보다는 피아노, 바이올린, 성악, 미술 등이 소위 알아주는 종목이었고, 취미로는 '여자다운' 꽃꽂이나 요리가 인기였다. 숨이 막혔다.

내가 기억하는 어린 시절의 나는 말괄량이처럼 뛰어다니고 장난기도 많고 몸으로 하는 모든 것을 참으로 좋아했다. 수영과 기계체조를 즐겼고, 마이클 잭슨 춤을 추고 뮤지컬 〈애니〉의 주제곡을 부르며 주인공이 된 듯 연기하곤 했다. "얘가 뭐가 되려고 이렇게 끼를 부릴까, 큰일이네…"라는 혼잣말을 입에 달고 사시던 우리 엄마…. 나는 그 말을 못 들은 척했다. 하지만 칭찬과 호응을 기대하던 어린 딸에게 그 '끼'라는 표현이 가슴속 깊숙이 자근자근 맺혔다는 것을 엄마는 모르셨을 것이다. 사실 당시에 나는 '끼'라는 말이 무슨 뜻인지도 몰랐다. 그저 그것이 나에게 있기는 한데, 남들에게 감추어야 하는 은밀한 치부인 것처럼 묻어둔 채 자랐던 것 같다. 고로 사춘기 시절 내 머릿속에는 'Why not(왜 안 돼)?'이라는 의문이 끊이지 않았고, 뭔지 모르게 얽매이고 조여 오는 답답한 일상에 환멸을 느꼈다. 미래에 대한 희망을 찾아 유학을 결심한 것도 그 때문이었다.

세월이 많이 흘렀지만 대한민국에는 여전히 그 오래된 가치관에 자의 반 타의 반으로, 스스로 인지하지도 못한 채 얽매인 여성들이 상당히 많다. 여성과 남성의 차이는 인정하더라도 기회는 평등해야 한다. 그 기회조차 박탈하려는 관념, 사람, 그리고 사회적 분위기에는 당당히 맞서야 한다고 외치고 싶다. 여자라서 하지 말아야 할 것, 여자니까 해야 하는 것에 얽매이지 말고 진정 내가 원하는 것이 무엇인지 고심해봤으면 한다. 만약 자신이 없다면 스스로 'Why not?'이라는 질문을 던져보고 왜 안 되는지를 잘 따져본 후 열린 마음으로 일단 도전해보길 바란다.

스스로 만족하는 삶을 위한 결단

가부장적인 사회와 문화 속에 생활하다 보면 부모가 이끌어주는 삶, 부모가 원하는 삶을 충실하게 살기 쉽다. 그러다 보면 어느덧 내가 원하는 게 뭔지조차 알지 못하게 되는 경우가 종종 있다. 그러나 경기를 뛰는 선수는 나이고 부모는 코치일 뿐이다. 선수 의견과 컨디션을 존중하지 않는 코치, 독단적 코치라면 내가 선을 긋고 홀로 서는 용기가 필요하다.

주변에 갱년기를 맞이한 몇몇 친구들을 지켜보면 특히 이 선 긋기가 얼마나 중요한지 새삼 느끼게 된다. 부모님 원하시는 대로 모범생으로 학교 잘 다니고, 결혼해서 시부모님께 효도하고, 남편과 자식에게 몰두하며 잘 사는 듯싶더니 갱년기를 맞아 "나 우울해, 뭘 위해 살았는지 모르겠어. 내가 누군지를 모르겠어"라며 사춘기 때 이미 겪었을 법한 정체성의 위기를 맞는 이들을 보면 솔직히 뭐라 위로할 말이 떠오르지 않는다. 일찌감치 부모와 나의 관계 혹은 나에 대한 기대에 선을 긋고 본인이 원하는 자기 갈 길을 선택했더라면 50대에 와서 방황하지 않았을 텐데, 싶기도 하다. 이제라도 너의 목소리에 귀를 기울여보라고 조언했다가 혹여 가정에 피해가 가는 선택을 하게 되지나 않을지 조심스럽기도 하다.

나에게도 그런 선택을 해야 하는 순간들이 있었다. 부모님의 기대와 전혀 다른 방향으로 행동하고, 부모님의 반대를 무릅쓰고 내 주장대로 중요한 결단을 내린 뒤 내 고집으로 밀고 나가기도 했다. 무척 힘든 시간을 보냈지만 경제적, 정신적으로 부모에게서 완전히 독립하고 싶어 대학 1학년 때부터는 과외 아르바이트를 하고 졸업 후 바로 직장을 얻었다. 물론 자리를 잡기까지 부모님과 조부모님의 금전적 도움이 컸지만, 일찌감치 나 스스로가 어디까지 독립할 수 있는지 시험을 해보았고, 몇 몇 고비를 넘긴 뒤부터는 모든 걸 스스로 판단하고 결정하게 된 것 같다.

'선택'이라는 것의 가장 매력적인 점은 바로 내가 결정하고, 그 결정에 대한 책임과 후회 혹은 행복감 또한 나 스스로 감내하는 것이 아닐까 싶다. 물론 살다 보면 고민이 될 때도 있고 내 판단이 옳은지 혼란스러워서 누군가의 조언이 필요할 때가 있다. 심지어 그럴 때도 나는 부모님을 찾지는 않았다. 왜냐하면 부모는 자식에 대해 객관적일 수가 없기 때문이다. 부모님은 무조건 내 편이니, 사회적으로 현명한 판단을 해줄 수가 없을 거라고 생각하는 편이다.

또한 자식의 입장에서는 부모에게 어떤 고민거리를 이야기하더라도, 다른 한편으로 마음속 깊은 곳에는 부모에 대한 의지가 깔려 있고, '내가 잘못되면 방패막이 되어주시겠지' 하는 '안이한 꼼수'도 분명 숨어 있기 마련이다. 그래서 중요한 결정을 해야 할 때는 오히려 멘토나 선배, 상사 또는 내가 이 결정을 내림으로써 영향을 미칠 것 같은 사람들과 상의하고 조언을 얻는다.

마지막으로 중요한 것은 스스로의 결단이다. 단순하고 소심하게 마음만 굳히는 '결심'에 그치지 말고, 행동으로 옮길 각오를 하는 '결단'을 하라는 것이다. 어려운 선택일지언정 신속하게 전문가들과 경험자들을 찾아 발품을 팔고 장단점을 제대로 알아본 후, 내가 어디까지 책임을 질 수 있는지 따져봐야 한다. 나의 행복과 미래를 위한 용기를 마음속에 충전한 후 과감하게 결단을 내릴 수 있어야 한다.

내 인생을 희생해서 부모님 뜻대로 혹은 사회가 원하는 대로 살든, 아니면 내가 갈 길을 주장하고 가든 큰 결단을 해야 할 경우가 살다 보면 올 때가 있다. 만약 그 순간이 닥쳐온다면 그때만큼은 철저하게 이기적으로 결정해야 한다. 예를 들어, 나는 공부를 더 해야 행복할 것 같은데 부모 입장에서는 '여자는 능력 있는 남편에게 시집가서 예쁜 자식을 낳고 사는 것이 진정한 행복'이라는 말을 충분히 하실 수 있다. 나는 웹툰 아티스트가 되고 싶은데, '의사가 되어야 안정적인 삶을 살 수 있다'고 주장하실 수 있다. 그러나 내 인생의 방향을 선택함에 있어서만큼은 철저히 이기적으로, 내가 행복할 수 있는 방향으로 선택하는 것이 종국에는 옳다는 것을 느끼는 때가 반드시 온다. 그렇기에 일단 마음을 정한 후에는 온 힘을 다하여 노력하고, 그 과정에서 오는 행복을 누리고 느껴야 한다.

내가 행복하고 만족하는 삶은, 결코 누군가가 만들어주는 것이 아니기 때문이다.

시행착오도 성장을 위한 발판이다

인생은 평지가 아니라 오르막길과 내리막길이 반복되는 아름다운 산이다. 요즘은 100세 시대라고 하니, 20대, 30대는 아직 너무나 젊고 창창한 시기다. 내 입장에서는 40대도 그렇다. 그러니 기회가 있는 한 자신이 원하는 것을 찾아가는 경험치를 많이 쌓아보는 것이 좋다. 가족이, 친구가, 남들이 나를 어떻게 볼까 걱정하지 말고 일단 해보자는 생각이 들었다면 일단 해보는 거다. 거기서 새로운 세상을 보게 될 수도 있고, 자신도 모르던 새로운 나를 발견할 수도 있다.

나 또한 일과 개인사에서 일일이 열거하기도 어려운 큰 시행착오를 여러 번 거쳤고, 가끔은 반복적인 실수도 하면서 여기까지 왔다. 돌이켜보면 창피하기도 하고, 뒤집어 생각하면 심지어 그 당시의 내 모습이 귀엽기도 하다. 그때 내가 왜 그랬을까 싶은 '흑역사'가 누구나 있지 않은가.

20대가 좌충우돌하며 자기 자신을 찾아나가는 시기라면, 30대부터는 내가 갈 길이 어느 방향인지 큰 그림을 잡고 나가야 하는 시기다. 내가 어떤 사람으로 살아갈 것인지, 나 자신과 가족 그리고 사회생활에서의 인간관계는 어떻게 만들어갈 것인지 결정하는 시기다. 그렇게 해온 것을 40대부터는 잘 다져서 굳혀 나가야 한다.

인생을 살면서 후회가 되는 선택을 할 수도 있다. 그러나 늘 실수하는 것이 인간이다. 중요한 점은 만약 후회되는 선택을 했다면, 이를 분석하는 시간을 가지고, 반드시 정리를 하고 넘어가야 한다는 것이다. 내가 그때 왜 이런 선택을 했는지 혹은 왜 이런 말이나 행동을 했는지 분석하고, 이후에도 비슷한 상황이 올 경우, 어떤 식으로 대응할 것인지를 숙려하는 시간을 갖는 것이 중요하다. 선택지 A, B, C 중에 A를 선택해서 후회하고 있다면 다음엔 B를 선택할지, C를 선택하면 또 어떻게 될지 생각해보는 것이다. 나는 이런 과정을 무수히 반복한다. 그래서 두 번 다시는 후회되는 일을 반복하지 않으려고 노력한다. 이미 일어난 일은 바꿀 수 없기에 빠르게 잊어버리는 것도 좋지만, 아프더라도 제대로 이유를 분석하고, 정리를 하고 넘어가야 똑같은 과오를 저지를 확률을 낮출 수 있다.

간혹 잘못을 저질러놓고도 아무 일도 없었다는 듯 얼굴을 바꾸는 사람이 있는데, 그것이야말로 스스로를 갉아먹는 짓이라고 생각한다. 애써 아무렇지 않은 척하기보다는 내가 잘못한 것은 잘못한 대로 철저하고 명확하게 정리하고 다음 단계로 가야 한다. 그렇게 해야만 건강하게 확실히 털어버릴 수 있다. 다 털어버렸다고 하면서도 마음속 한구석에 왠지 모를 찝찝함이 남아 있다면 아직 완전히 정리된 것이 아니다. 우리는 모두 자기 몫의 인생을 살아가기에 내게 주어진 인생은 내 것이라는 사실을 잊지 말았으면 좋겠다. 스스로가 가진 가능성을 시험해보고 그것을 키워가는 무대로 자신의 인생을 활용하길 바란다.

요즘은 한국인이기에 누릴 수 있는 장점도 많아졌다. 무엇보다 '한류'의 힘이 커서 어느 나라를 가도 케이팝, 케이뷰티 등이 인기이고, 한국의 위상도 높아졌다. 심지어 우리 회사에는 미국에서 입양된 한국인 동료 두 명이 있는데, 그들은 국적은 미국인이지만, 스스로를 한국인으로 생각한다고 했다. 그만큼 한국이 자랑스럽다는 것이다. 이 얼마나 뿌듯한 변화인가.

요즘의 젊은 세대는 현재 한국의 위상을 당연하게 받아들이거나 한류의 힘을 잘 느끼지 못할지도 모르겠다. 하지만 한국이 도대체 무슨 나라냐며 고개를 갸웃대던 외국인들에게 한국이라는 나라에 대해 수없이 설명해야 했던 시대를 거친 나로서는, 그리고 여러 나라를 오가며 일하는 나로서는 이전보다 달라진 한국의 위상을 절감할 때마다 감개무량하다. 지금 세대들이 이 특별한 혜택을 잘 활용할 수 있었으면 하는 바람이다.

나는 나의 팬이 되어야 한다
Become a fan of yourself

    사람들이 모여 일하는 곳이기에 어느 직장에서든 가십이 나돈다. 시기와 질투는 남녀 구별이 없으나 특히 조직에서 잘나가는 여성에게 만큼은 저급한 루머가 따라다니는 경우가 꽤 있다. 네트워킹 차원에서 식사를 하거나 술을 한잔 했는데 온갖 루머가 돌고, 질투와 모략의 대상이 된다. 그런 경우라면 억울한 게 당연하다. 그렇다고 모든 사람을 만나 오해를 다 풀고 다닐 수도 없는 노릇이니, 결국 오로지 자신의 능력으로 그 자리를 증명해내는 수밖에 없다. 그런 소문 때문에 좌절하거나 고민하는 에너지를 차라리 일에 더 쏟아부어서 좋은 성과를 내는 게 낫다는 뜻이다. 만화영화 속 캔디처럼 외로워도 슬퍼도 꿋꿋하게 견디는 것이다.

물론 이 사람 저 사람 부대끼며 일하고 생활하다 보면 원하지 않는 감정 소모도 일어나기 마련이다. 누군가 나에게 적대감을 가진다면 그 이유가 뭔지 파악해보고 내가 고쳐야 할 점이 있다면 고치면 된다. 그런데 타당한 이유 없이 나를 싫어하거나 단순한 시기, 질투일 때도 있다. 없는 루머를 만들거나 음모를 꾸며 나를 괴롭힐 수도 있다. 그런 대상이 되면 매우 피곤하지만 똑같이 맞서는 것은 결코 바람직하지 않다. 사회생활을 하려면 험담이나 시기, 질투쯤은 즐길 줄 알아야 한다.

물론 내가 용납할 수 없는 선을 넘어설 때는 철저하고 단호하게 대응하는 치밀함 또한 있어야 한다. 이때 중요한 것은 나의 '선'이 어디인가를 확고하게 정리해야 한다는 것. 나의 경우는 '성차별', '인종차별' 그리고 '거짓말'이 그 선이다. 사회적으로 많이 알려진 인물들은 허위사실을 퍼뜨리고 괴롭히려는 악의적인 악플러들에게 시달리게 되는데, 특히 감성이 풍부하고 대중의 사랑을 받는 어리고 여린 연예인들이 악플에 고통받다 극단적 선택을 한 사건들이 최근 몇 년간 눈에 띄게 많아져서 안타깝고 화가 난다.

나 또한 몇 년 전 황당한 사건을 겪었는데, 어느 네이버 카페와 뉴스란 댓글을 중심으로 어이없는 악플들이 퍼지기 시작해서 결국 악플러들을 상대로 형사고소를 했다. 어떤 이들은 반성문도 보내고, 나와 만남을 갖기도 했으며, 그들의 중심에 서서 악플을 조장했던 '리더'는 형사 재판까지 가서 결국 실형을 받았다. 내 입장에서는 정신적으로 스트레스가 상당히 심했던 시간이었다.

코로나 바이러스가 가장 무서운 이유는 보이지 않아 어떻게 싸워야 할지 모르는 데 있는 것처럼, 어디선가 보이지 않는 이들이 나에 대해 만들어내고 퍼뜨리는 허위사실들 또한 그들의 정체를 모르기 때문에 더 괴롭다. 악플러 한 명 한 명의 정체가 드러날 때마다 나는 안도의 한숨을 내쉬었다. 그 이유는 사실 그토록 긴 과정을 통해 그들 모두가 아픈 사람들이라는 것을 깨닫게 되었기 때문이다. 긴 시간을 키보드 뒤에 숨어서 온갖 욕설, 허위사실들을 배설하듯 뱉어내던 사람들. 그런데 그들을 만나보니 정신적인 아픔이 많은 사람들이었고 내가 굳이 에너지를 소모하며 상처받을 필요도, 가치도 없다는 것을 알게 되었다. 지금은 그들을 마음속에서 용서했지만 내 개인 시간과 비용을 들여 악플러들을 색출해낸 그 과정만큼은 후회가 없다. 그들은 내가 용납할 수 있는 '선'을 넘었기 때문에.

있는 그대로의 나를 사랑해주자

시기와 질투는 부러움이 왜곡된 방향으로 발산되는 것이라는 생각이 든다. 나도 다른 사람이 부러울 때가 있다. 내게 없는 것을 가진 사람이나 나보다 나은 사람을 보면 부러운 감정이 드는 것은 인지상정 아닐까. 중요한 것은 부러움을 시기와 질투로 발산하느냐, 나를 발전시키는 동기부여제로 활용하느냐의 문제일 것이다.

다른 사람의 어떤 면이 부럽거나 대단하다고 느끼면 나는 그것을 따라 하거나 시도해보는 편이다. 어떤 사람의 말투가 무척 매력 있다고 느껴서 집에서 혼자 따라 해본 적도 있고, 요리를 잘하는 친구가 부러워서 요리 교실에 가본 적도 있다. 의외로 내가 요리를 잘할 수 있는 가능성이 다분히 있다는 것은 알게 되었지만 내 성향상 요리하는 시간이 아직까지는 즐겁지 않아서 연중행사로 하는 정도다. 그래도 요리수업은 꾸준히 시간 나는 대로 다니고 있다.

다른 사람에게 부러운 점이 있다면 그것을 벤치마킹하는 것도 좋다고 생각한다. 하지만 사람마다 자신에게 맞는 자리가 있다는 것을 잊지 말아야 한다. 내가 잘하는 것, 나만이 할 수 있는 일은 따로 있다. 그런 일을 찾고 해내며 그 시간을 즐기면 다른 사람이 부러워질 일도 점점 줄어든다. 끊임없이 남과 나를 비교하고 남을 의식하며 사는 것처럼 피곤한 일은 없을 것이다.

그런데 남과 비교하지 말자고 해도 가장 어려운 것은 돈에 관한 문제일 것이다. 나보다 돈 많은 사람이 부러운 건 성직자가 아닌 이상 어느 누구나 똑같을 것이다. 친구의 보석이나 명품가방이 좋아 보이면 있는 그대로 솔직하게 '부럽다, 예쁘다'고 표현하고 칭찬해주며 함께 기뻐해주는 마음가짐이 중요한 것 같다. 그런데 '예쁘다, 대단하다, 부럽다'고 생각하는 선에서 마무리해야지 '내 인생은 뭐야', '나는 왜 저런 거 하나 못 살까'라면서 비교하는 단계로 흐르는 것만큼 어리석은 마음은 없다. 그저 그건 그 사람의 몫이고, 나는 나에게 허락된 것에서 최대한의 효율과 장점을 뽑아내어 즐기겠다고 생각하면 되는 것이다. 그렇다고 또 나와 비슷하거나 나보다 못한 사람들만 보며 '그래도 저 사람보단 내가 낫지'라고 위안을 얻지도 않는다. 결국 우월감과 시기심 모두 건강하지 못한 감정들이기에 내 영혼을 갉아먹는 결과만 초래할 뿐이라고 생각한다.

어디선가 이런 말을 본 적이 있다.

'아무리 잘났다고 으스대도 하늘에서 보면 다 똑같이 작디 작은 생물이 아닌가.'

나보다 못난 사람을 짓밟고 올라서려 하지 말고 나보다 잘난 사람을 시기해서 질투하지도 말고, 그냥 있는 그대로의 나를 사랑하며 살고 싶다. 하늘 아래 있는 것은 다 마찬가지이고, 누구든지 저마다의 가치가 다 있으니까.

내 주변에도 자존감이 낮은 친구가 간혹 있는데 남과 비교해서 자학하고 우울해하는 모습을 본다. 그런 친구에게 나는 진심으로 장점을 많이 얘기해주려고 한다. "넌 이거 잘하잖아", "넌 이 부분이 예쁘잖아"라고 말이다. 누구나 칭찬할 점이 있다. 아무리 작은 것이라도 좋으니 자기 자신을 이렇게 칭찬해보면 어떨까. 누군가의 팬이 된 사람은 그 사람에 대해 아주 사소한 것 하나도 칭찬한다. 다른 사람의 팬이 되기 전에 자기 자신의 1호 팬이 되어보자. 스스로를 사랑하는 사람은 눈빛과 얼굴에서 광채가 난다. 적어도 내가 본 바로는.

Chapter 3.
경쟁하기보다
아름답게 연대하라

워크맘(work mom)이란 직장 내의 엄마 같은 존재다.
나이와 경력 차이가 큰 직장동료 사이에서 특별한 직업적 유대감을 가진 경우
워크맘이라는 용어를 사용한다. 나도 이런 선배들에게 큰 도움을 받았기에
언젠가 후배들에게 훌륭한 워크맘이 되고 싶다.

한국인 교포인 주주 장은 ABC 뉴스의 간판 앵커다.
경쟁이 치열한 미국 메이저 방송업계에서 현재 그녀는
가장 성공한 아시아인이라고 할 수 있다.
세 아들의 엄마이자 아내이며 언론인인 그녀는
나의 자랑이자 든든한 '빽'이기도 하다.

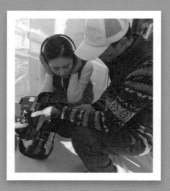

과학자도, 언론인도, 어느 누구도
　　　혼자 힘으로 우뚝 서 있는 게 아니다. 앞서 간 사람들의 노력과 도전이
쌓이고 쌓여 디딤돌이 되어주었으니 나 역시 그런 역할을 하고 싶다.

취재로 시작되었지만
새터민 아이들과의 인연은 지속되었다.
내 자식을 키우며 배운 것을
사회에서 제대로 보호받지 못하는
아이들에게 내 힘이 다하는 한 베풀고 싶다.

누군가의 워크맘이 될 수 있다면

Forever grateful to my mentors

미국 전 국무장관이자 나의 모교 조지타운대학교 교수였던 매들린 올브라이트(Madeleine Albright)가 2006년 어느 연설에서 이런 말을 한 적이 있다.

"There is a special place in hell for women who don't help other women."

지옥에는 다른 여성을 돕지 않은 여성이 들어가는 특별한 곳이 있다는 것이다. 즉, 여성들끼리 도와야 한다는 점을 강조한 것인데, 실제로 2019년 〈하버드 비즈니스 리뷰〉 잡지에 실린 연구결과 논문을 보면, 1~3명 정도끼리 강한 유대관계를 맺은 여성들은 그렇지 않았던 여성들에 비해 2.5배의 권력과 보수를 받는 지도자 자리를 차지했다고 한다.

다른 곳은 어떤지 모르겠지만 적어도 미국의 방송업계에서는 여성들이 연대하는 문화가 나름 자리 잡혀 있는 것 같다. 미국도 여성차별이 심하던 시절, 여자 기자가 별로 없던 시절에 길을 닦은 개척자들이 있었다.

ABC 뉴스의 전설적인 기자였다가 앵커로, 또 정치평론가로 활동한 코키 로버츠(Cokie Roberts) 역시 여성 언론인들에게 선구자적 입지를 갖고 있다. 그녀는 항상 여자 기자들이 더 많이 배출되었으면 한다는 바람을 외쳤는데 이유인즉슨, 세상의 절반이 여자임으로 여자들의 관점을 언론에서 대변해줄 수 있는 여성 언론인이 더 많아져야 한다는 것이었다.

코키 로버츠는 2002년 유방암 진단을 받은 뒤에도 열심히 활동하다가 2019년 9월 아쉽게도 세상을 떠났다. 그녀가 별세한 뒤 회사 동료들이 그분에 대한 저마다의 추억을 글로 쓴 적이 있는데, 주주 장 선배도 초보 때부터 코키 로버츠 밑에서 배웠다는 사실을 새롭게 알게 되었다. 그런 분이 멘토였기에 주주 선배도 나를 비롯한 후배들에게 이렇게 진심으로 대해주고 이끌어주는 것이 아닌가 싶었고, 역시 좋은 멘토에게 배운 멘티는 자라서 더 좋은 멘토가 되는 것이라는 것을 다시 한 번 깨닫게 되었다.

애도 기간 동안 주주 장 선배를 비롯하여 많은 회사 동료들은 입을 모아 코키 로버츠가 자신의 '워크맘(work mom)'이었다고 표현했다. 워크맘이란 직장 내의 엄마 같은 존재를 지칭하는데, 나이 차와 경력 차이가 큰 직장 동료 사이에서 친밀한 직업적 유대감을 가진 경우 흔히 워크맘이라는 용어를 사용한다.

나도 이런 선배들을 보며 배웠기에 그들처럼 훌륭한 멘토, 더 나아가 워크맘이 되고 싶다는 바람이 있다. 특히 여성 후배들에게 그런 존재가 되려고 노력하지만 쉽지 않은 것도 사실이다. 나도 바쁘지만 후배들도 한창 아이를 키우고 가정을 꾸리는 시기라 오히려 나보다 더 짬을 내기가 만만치 않은 것이 현실이다. 여자들끼리 모여 유대관계를 다질 여유가 없는 것 같아 항상 미안하지만, 그래도 간혹 만남의 자리를 갖게 되면 그 시간만큼은 상대방에게 온전히 집중하려고 노력하는 편이다.

앞서 간 선배들의 어깨 위에 올라

나를 잘 모르는 사람들은 조주희를 차가운 이미지로 기억하는 경우가 많다. 일터에서는 이것이 어느 정도 사실이다. 현장에서는 항상 냉철함을 유지하려고 노력하는 데다 긴장한 상태에서는 신경이 곤두서 있기 때문이다. 하지만 사적으로 나를 아는 가족이나 친구, 지인들에게 나는 '오지랖 넓은 사람'으로 통한다. 고민이 있거나 괴로워하는 친구들이 울면서 찾아올 때가 많고, 나 또한 고민을 들어주고 상담해주는 것을 좋아하는 편이다.

'오지랖'이 부정적인 의미로 많이 쓰이고 부정적인 측면이 있는 것도 사실이지만, 그것이 긍정적으로 발현된다면 다른 사람을 향한 관심과 연대가 될 수 있다고 생각한다. 오지랖은 본래 옷의 앞자락을 뜻한다. 앞자락이 넓으면 그만큼 다른 옷을 많이 덮게 되니, 이런 모습을 남의 일에 간섭하는 성격에 빗댄 것이다. 하지만 역으로 생각해보면, 헐벗은 사람에게 넓은 앞자락은 오히려 따뜻하고 고마운 존재가 아닐까. 남성 중심적인 언론업계에서 나를 이끌어준 선배 여성 언론인들을 떠올리면, 그들이 한 일은 추위에 떠는 나를 따뜻하게 덮어준 '아름다운 오지랖'이었다고 말하고 싶다.

지난 25년간 기자로 일하며 나에게 동기부여가 되고 의지와 위안이 되어주기도 하는 멘토들을 소개하고 싶다. 우선 나의 첫 풀타임 직장인 아시아비즈니스뉴스(ABN)에 들어갔을 때 메

인 앵커 겸 보도국장이었던 리네트 리트고우(Lynette Lithgow)
가 있다. 트리니다드 토바고라는 작은 섬나라에서 태어난 그녀
는 10대 후반에 영국으로 유학 가서 BBC의 간판 앵커가 되었
고, 40대 중반에 옥스퍼드 법대에 들어가 박사학위를 받은 뒤
싱가포르에 본사를 둔 케이블 위성 경제전문 뉴스채널인 ABN
에서 새로운 도전을 시작했다.

리네트는 카메라 앞에 서는 기자나 앵커들을 훈련시키는 역
할도 맡고 있었기에 나 또한 그녀에게 참 많은 것을 배웠다. 그
러나 일에 관해서만 배운 것은 아니었다. 그녀는 직장 상사이
면서도 선배이자 큰언니 같은 존재로 내 가치관에도 큰 영향을
주었다. 가정의 중요성을 일깨워주었고, 라이벌이라도 사람과
사람의 관계에서만큼은 사랑으로 대하는 마음과 태도를 가르
쳐주었다.

ABC 뉴스로 옮긴 뒤에는 주주 장(Juju Chang)이 그런 존재가
되어줬다. 한국인 교포인 주주 장은 ABC 뉴스의 간판 앵커다.
경쟁이 치열한 미국 메이저 방송업계에서 현재 그녀는 가장 성
공한 아시아인이라고 할 수 있다. 세 아들의 엄마이자 아내이
며 언론인인 그녀는 나의 자랑이자 든든한 '빽'이기도 하다.

그녀의 성공 스토리는 언제 들어도 감동과 영감을 준다.
1965년생인 주주 장은 네 살 때 가족이 미국으로 이민을 갔다.

아메리칸 드림을 좇아 미국 이민을 많이 가던 시기다. 그녀는 엄마를 따라 호텔 방을 청소하는 일을 도우며 자랐다고 한다. 그러다 중국계 앵커인 코니 정이 아시아인 최초로 CBS의 앵커가 된 것을 보고 앵커를 꿈꾸기 시작했다. 텔레비전에 나온 코니 정을 보고 그녀의 어머니는 "너도 코니 정처럼 될 수 있다"고 말했다고 한다.

어머니의 말대로 주주 장은 현재 ABC 뉴스의 〈나이트라인〉 프로그램 진행을 맡고 있으며 누구도 감히 범접할 수 없는 자리에 올라 있다. 그녀의 인터뷰 기술과 커뮤니케이션 능력은 늘 감동을 주며, 불의를 못 참고 한국인임을 자랑스럽게 여기는 그녀의 면면들 모두가 존경스럽다. 무엇보다 그녀는 여성들을 이끌어주려는 마인드를 가지고 있다. 아들 셋을 키우는 워킹맘이지만 나를 비롯한 여성 후배들이 만남을 요청하면 바쁜 와중에도 어떻게든 짬을 내서 시간을 내어주고 이야기를 들어준다. 그녀가 진행하는 〈나이트라인〉은 별도의 부서로 조직되어 있는데, 내가 기억하기론 남성 중심이었던 조직이 어느새 여성 중심으로 바뀌어 있었다. 그게 다 주주 선배의 힘이고 여자들끼리 끈끈하게 뭉쳐서 이루어낸 결과라고 생각한다.

주주 장은 자신이 한계가 될 수도 있는 틀을 깨고 성공할 수 있었던 이유는 바로 선구자들의 '어깨 위에 올라선(standing on the shoulders)' 덕분이라고 말했다. 이 표현은 뉴턴이 "내가 멀리 볼 수 있었다면 거인의 어깨 위에 올라섰기 때문이다"라고 말한 것에서 빌려온 것이다. 과학자도, 언론인도, 어느 누구도 혼자 서 있는 것이 아니고 혼자 힘으로 우뚝 서 있는 게 아니다. 앞서 간 사람들의 노력과 도전이 쌓이고 쌓여 디딤돌이 되어주었으니 나 역시 그런 역할을 하고 싶다.

가르치며 배우다
Learning from each other

나도 내 등을 바라보며 걸어올 누군가를 위해 멋진 발자취를 남기고 싶다는 생각을 한다. 내 선배들처럼 다른 사람들에게, 특히 어린 여성들에게 긍정적인 오지랖을 펼치려고 노력한다.

10여 년 전에 딱 한 번 광고를 찍은 적이 있다. 당시 여러 광고 제의가 있었는데 모두 거절하다가 이왕 들어온 거 좋은 일에 활용하면 어떨까 하는 생각이 들었다. 그래서 개런티가 상대적으로 높은 광고 하나를 찍고 그걸로 장학 프로그램을 만들자는 아이디어를 냈다.

장학 수혜자 후보들은 '충북에 사는 중학교 2학년 여학생'으로 폭을 좁혔다. 당시 충북지역의 교육 여건이 열악하다는 이야기를 들었고, 광고주가 충북 출신이기도 해서 인연이 닿았다. 중학교 2학년으로 정한 것은 내 경험상 열다섯이라는 나이가 앞으로의 삶을 설정하는 데 중요한 시기라고 생각했기 때문이다. 중학교 2학년 아이들에게 꿈을 실어주면 대학에 진학할 때까지 4년이라는 시간이 확보되고, 그 시간 동안 충분히 진로를 정하고 입시에 성공할 수 있다고 생각했다.

그런데 중학교 2학년 학생들에게 모두 장학금을 줄 여력은 되지 않으니 그중에서도 다시 선정을 해야 했다. 가정형편이 어렵고, 성적이 우수하며, 영어를 잘하는 아이들, 그리고 미래에 대한 열망이 있는 아이들을 내 나름대로 선정하기로 했다. 그래서 각 학교에서 추천받은 아이들과 영어 경시대회에서 입상한 아이들에게 왜 장학금을 받고 싶은지 에세이를 쓰게 했다. 아직 중학교 2학년이니 서툰 글들이었지만 직접 다 읽어본 후 마음에 와 닿고 미래에 대한 의지가 보이는 친구들을 선정했다.

그렇게 열네 명의 아이들을 뽑아서 미국 동부 아이비리그 학교들을 방문해보는 투어를 교육청 인솔 하에 진행하게 되었다. 내 개인적 인맥을 동원해 현지 유학생 등과 아이들이 만날 수 있도록 프로그램도 짰는데, 궁극적 취지는 이 꿈 많은 소녀들이 미국의 명문대학을 돌아보며 새로운 목표와 원대한 꿈을 갖게 해주자는 것이었다.

아이들을 미국에 보내기로 해놓고 나니 한 가지 작은 걱정이 생겼다. 그때가 겨울이었는데 아이들 옷차림이 꽤나 허술했다. 혹시나 겨울 공기가 매서운 미국에 가서 추위에 떨거나 기가 죽지는 않을까 걱정이 되었다. 그러던 차에 이게 웬걸, 국내 모 의류 브랜드에서 주는 우먼 오브 더 이어(Woman Of The Year)라는 상의 수상자로 내가 선정되었다는 연락이 왔는데 부상이 수천만 원에 달하는 의류 상품권이라는 게 아닌가. 사실 수상을 고사하려고 했다가 그 소식을 듣고는 감사히 넙죽 받았더랬다. 덕분에 난생처음 미국 연수를 떠나는 우리 여학생 전원에게 멋진 외투를 선물할 수 있었다. 우연인 듯 필연인 듯 벌어진 일련의 사건들이 지금 돌이켜보면 마치 로또를 맞은 듯한 행복감을 내게 선사했다.

아이들에게 비단 금전적 도움뿐 아니라 멘토가 되어주기로 약속하고 시작한 일이었다. 그래서 매년 두 번, 방학 때 아이들을 만나 밥도 먹고 시간을 보내며 주로 진로에 대한 이야기를 나누곤 했다. 이윽고 아이들이 자라 고등학생이 되고, 3학년으로 진급하기 바로 전 겨울방학에 엠티를 기획했다. 지인분이 후원해주신 덕분에 스키장에 모여 낮에는 난생처음 스키도 타보고 저녁에는 아이들과 일대일 면담을 하기로 한 것이다. 감수성이 예민한 소녀들인 데다가 진학에 대한 고민으로 힘들었던 시기라 마지막 날 밤에는 서로 울고 웃기를 반복하며 미래를 다짐했었다.

그때 아이들에게 제안했다. 누구든 상위권 대학에 들어가면 등록금을 내주겠다고. 상위권 대학이라고 한정한 것이 매정해 보일지 모르겠으나 내 능력으로는 모두의 등록금을 내주기는 힘들어 정한 고육지책이었다. 또 아이들이 이를 악물고 열심히 할 수 있도록 자극하기 위한 것이기도 했다. 목표를 가지고 그것을 이루기 위해 열심히 하는 사람이 아니라면 투자하고 싶지 않다고도 냉정하게 말했다. 무조건 안아주고 품어주는 것은 가족이 해줄 수도 있으니 현실적으로 진로에 도움이 되고 싶었다.

감사하게도 아이들은 모두 제 갈 길을 잘 찾아갔다. 지금도 자주 연락해서 만나곤 하는데 그중 몇몇 친구와는 유독 깊은 인연을 이어왔다. 수다쟁이에다 자그마하고 귀여웠던 한 친구는 어느덧 아름다운 숙녀가 되어 대학병원에서 근무하는 자랑스러운 간호사가 되었고, 처음 만날 때부터 수줍음이 많고 너무 얌전해서 걱정이었던 또 한 친구는 의외로 씩씩한 여장교가 되었다. 그리고 또 다른 친구는 유난히 공부를 잘했는데, 과학 고등학교를 2년 만에 졸업하고 KAIST에 입학한 후 3년 만에 학사 취득을 했다. 대학 재학 중 기특하게도 미국 하버드대 광의학 센터에서 진행하는 여름 인턴십 과정에 장학생으로 합격했을 때도, 홍콩대학에 교환학생으로 가게 되었을 때도, 또 석·박사 과정을 위해 미국 유학을 가고 싶다며 고민했을 때도, 미국 명문대 여러 군데에 합격했을 때도 이 친구는 언제나 나에게 조언을 구해왔다. 고맙게도 이 친구는 장학금을 내내 받으며 학교를 다녔고, 작년에 박사학위를 받아 졸업한 후 세계적으로 유명한 글로벌 컨설팅 회사에 스카우트되어 올해부터 뉴욕에서 근무하고 있다. 진짜 딸처럼 얼마나 예쁘고 기특한지…, 고민이 있다며 문득 전화를 해서 룸메이트와의 갈등, 담당 교수의 불합리함, 이성문제 등 이런저런 이야기를 털어놓는 이 애정 넘치는 아이와의 인연은 나에게는 너무나도 소중한 자산이자 활력소가 되었다.

일방적 선행보다 소중한 좋은 인연

이런 이야기를 자세히 털어놓은 건 사실 이 책이 처음이다. 선행을 했답시고 자랑하듯 떠벌리는 건 영 낯 뜨거워서 간혹 그에 관한 인터뷰 요청이 들어와도 거절했다. 이번 기회에 이렇게 이야기하는 것은 출판사의 설득도 있었지만 아이들에게 고마운 마음을 전하고 싶어서다. 아이들을 통해 내가 얻은 것이 더 많기 때문이다.

나는 운이 좋아 좋은 부모를 만나고, 좋은 기회를 얻었고, 경제적으로도 큰 어려움 없이 살았으니 그렇지 못한 아이들에게 나의 힘으로 꿈을 이룰 수 있게 도와줄 수 있다는 게 너무나도 행복하다. 주변을 둘러보면 스스로 노력하지 않아도 운이 좋아 참 쉽고 편하게 사는 사람도 많다. 그런 사람들을 미워하거나 부러워하는 사람도 있을지 모르겠지만 나는 그런 감정마저 들지 않는다. 왜냐하면 그들 스스로도 알 것이기 때문이다. 자신이 얼마나 노력했는지, 자신이 그 모든 행운을 받아서 누릴 자격이 있는지.

나는 특히 근성 있는 친구들에게 애착을 가지고 있다. 잠재력이 있고 의지가 있지만 기회가 없는 친구들, 살짝만 밀어주면 훨훨 날아오를 수 있는 친구들을 돕는 것에서 성취감을 느낀다. 그들에게 더 넓은 세상을 보여줌으로써 동기를 부여해주고, 그들이 꿈을 이루어나가는 걸 보며 사는 보람을 느낀다.

무조건적인 사랑을 주는 훌륭한 분들에 비하면 이런 프로젝트는 완벽한 이타심에서 오는 선행이라고 할 수는 없다. 어쩌면 자기만족을 위해 하는 일일 수도 있다. 사실 냉정히 말하자면 누군가를 돕는다는 것은 본인 스스로의 만족을 위한 것이라고 생각한다. 보람도 느끼고, '내가 괜찮은 사람이구나'라는 일종의 자기 확인이랄까. 그래서 이런 것을 선행이라고 말하기보다는 그저 좋은 인연을 짓는 일이라 말하고 싶다.

지금도 사무실 내 책상 위에는 열네 명의 소녀들이 함께 찍은 사진이 놓여 있다. 참 예쁘고 고맙다. 내가 열심히 살아갈 수 있는 보람을 느끼게 해준 이 젊은 친구들과의 소통을 통해 오히려 내가 배운 것이 더 많다.

유연함이 답이다

이 아이들뿐 아니라 우리 ABC 뉴스 서울지국 인턴들에게서도 늘 새로운 것을 배우려 노력한다. 통상 우리 지국은 1년에 두 번, 6개월간 근무할 인턴을 두세 명씩 선정하는데, 사회에 나아가기 전 호기심과 불안감을 동시에 안고 있는 새로운 친구들을 만나는 것 또한 유쾌한 활력소가 된다.

우리가 어릴 때 어른 생각을 모르듯 지금의 내가 어린 친구들 생각을 모르는 게 당연하다. 요즘 젊은 친구들은 어떤 생각을 하는지, 같은 사안을 나와는 어떻게 다르게 보는지, 무엇을 꿈꾸며 사는지 항상 궁금하다. 또한 날로 새로운 기술 발전과 그에 따른 생활양식이 한 해가 다르게 변화하는 세상 속에서 뒤처지지 않으려면 기를 쓰고 젊은 친구들과 더 많이 소통해야 한다는 것을 매번 깨닫고 있다.

우리 지국의 특성상 소규모 취재팀이 움직이고 매일 새로운 뉴스 아이템을 찾아 눈과 귀를 열어놓고 있어야 하는데, 가끔 영리한 인턴들의 번뜩이는 아이디어를 접할 때마다 이 친구들의 존재가 얼마나 소중한지 느끼게 된다. 그래서 인턴들과는 항상 의견을 많이 나누고 토론하며 쌍방향으로 배워가는 과정을 거친다.

가르치면서 배운다는 말이 있다. 가르치고 배우는 것은 상호작용을 통해 결국 서로 성장하는 것이다. 내가 경험에서 배운 것들을 알려주고, 그것을 자양분으로 성장하는 친구들을 보면서 나 또한 성장한다. 많은 경험을 가진 연장자로서, 또 멘토로서 이끌어주려는 노력도 게을리할 순 없다. 좋은 기자를 키우는 후배 양성에도 힘쓰며, 시간이 허락하는 한 많은 후배를 만나 노하우를 전달하려고 노력하는 편이다.

매번 새로이 만나는 이 젊은 친구들에게 항상 빼먹지 않고 전하는 말이 있는데, 이참에 개인적으로 멘토와 멘티 관계를 맺지 않았더라도 독자들에게 꼭 전하고 싶다. 그것은 바로 세상을 편협하게 보지 말라는 것이다. 나의 눈과 귀와 지금까지 쌓아온 고정관념을 버리고 다양한 시각을 열린 자세로 포용하여 알아가는 것이 가장 중요하며, 그 후 본인의 선택에 있어서만큼은 자신감을 갖되 그 선택이 영원히 나의 것이 아니라 나이가 들어가면서 언제든 바뀔 수도 있다는 것을 인지하며 살아가길 바란다. 사상과 의식, 그리고 나의 습관과 태도가 한자리에 머문다면 아무리 뛰어난 지식을 가진 사람일지라도 더 나은 발전과 성장은 불가능한 법이다.

우연을 인연으로 만드는 힘
Inevitability of coincidence

기자로서 많은 사람을 만나다 보니 흥미로운 인연들을 만나게 된다. 정해진 조직과 사람을 주로 만나는 게 보통의 직장생활이라면, 기자는 항상 새로운 조직의 새로운 사람을 만나고 취재원을 확보하는 게 일이다. 이처럼 다양한 사람들을 만날 수 있는 점이 기자라는 직업의 여러 매력 중 하나다. 그렇게 만나는 한 사람, 한 사람이 모두 소중하고 그 인연들이 쌓여 큰 자산이 되었다.

그동안 20년가량을 지속적으로 탈북민들에게 관심을 갖고 취재해왔다. 2000년대 초반은 특히 국제사회에서 탈북민에 대한 관심이 급격히 치솟았던 때였는데 북한의 식량위기로 인해 1990년대 후반부터는 어마어마하게 많은 숫자의 북한 주민들이 일자리와 먹을거리를 찾아 중국으로 건너갔다. 정확한 집계는 없었지만 대략 수만 명에서 수십만 명이라고 알려져 있다. 당시 베이징에서 탈북자들을 만나 중국 당국의 시선을 피해 비밀리에 인터뷰하는 심층취재를 시도하면서 기근으로 부모를 여의고 중국 시장 바닥에서 떠돌던 일명 '꽃제비'도 여럿 만났더랬다.

그때 인연을 맺은 분이 천기원 목사님이다. 취재를 하며 우연히 만나게 된 천 목사님은 당시 중국에서 목숨을 걸고 탈북자들을 도우며 선교사로 활동하고 있었다. 2000년대 중반 천 목사님의 도움으로 베이징에서 만났던 탈북 청년 한 명이 유독 기억에 남는다.

우리는 그의 망명 과정을 카메라에 담아내기 위해 며칠을 함께 베이징 외곽의 창고 같은 안가에서 당국의 감시를 피해 자리를 옮겨가며 지냈다. 그 청년이 에콰도르 대사관으로 뛰어들어가는 것까지는 보도 카메라에 잡았는데 그 과정에서 청년은 공안에 적발돼 다시 북한으로 이송됐다. 우리 팀도 겨우 공안의 추적을 피해 베이징을 탈출, 방콕으로 날아가서 녹화 테이프를 사수했고, 덕분에 북한 주민들의 사정을 단독으로 전 세계에 알릴 수 있었다. 그러나 그 뒤로 내내 그 청년이 어떻게 되었을지 걱정되고 마음이 아팠다.

그로부터 수년이 지난 어느 날 서울, 천기원 목사님이 운영하는 두리하나 선교회에 인터뷰를 하러 갔을 때였다. 인터뷰를 하고 있는데 낯익은 청년 하나가 들어왔다. 바로 베이징에서 만난 그 청년이었다. 예상치 못한 만남에 놀라기도 하고 얼마나 기뻤는지! 북한으로 이송됐던 그는 또다시 도망쳐서 탈북에 성공했다고 했다. 한국으로 무사히 도착해서 전라남도 어느 지역에서 중국집 배달 일을 하며 지냈는데, 아무래도 남한 생활에 적응하기가 힘들었던 것 같았다. 방황하던 그를 목사님은 훗날 서울로 불러들였고, 지금은 선교회에서 활동하며 또 다른 탈북민들을 돕는 데 헌신하고 있다.

2018년 BBC는 중국 내 탈북 여성들이 성매매에 동원되는 실태를 보도했으며, 같은 해 10월 중국의 한 아파트에 감금되어 있던 탈북 여성 두 명이 밧줄을 타고 탈출하는 장면을 보도했다. 그 여성들은 탈북하자마자 인신매매로 팔려가 '섹스캠걸'로 감금 생활을 하고 있었던 것이다. 그런데 그때 그 아파트에 들어가 여성들의 탈출을 도운 것도 바로 그 청년이었다.

취재하며 얻은 소중한 인연들

이렇게 천기원 목사님과 인연을 맺으면서 많은 탈북민을 만나게 되었다. 최근에는 탈북 여성들이 중국에서 낳은 아이들이 겪는 어려움도 자주 접하게 되었는데, 그중 특히 마음에 와 닿았던 소녀가 있다. 중국에서 주정뱅이 아버지의 칼부림에 얼굴과 목, 가슴 부근까지 이리저리 찢긴 채 엄마와 함께 한국으로 온 아이였다. 그 아이 소식을 듣고 너무 안타까워서 무작정 아이를 데리고 압구정동에 있는 한 성형외과를 찾았다. 몇 해 전에 주주 장 선배를 도와 한국의 성형 붐에 관해 취재했던 병원이었다. 흉터 제거 수술의 견적이나 한번 받아보자는 마음이었는데 어마어마한 액수가 나왔고, 그냥 발길을 돌려 병원을 나올 수밖에 없었다.

그날 저녁, 함께 도울 사람이 없을까, 어떻게 하면 수술비를 마련할 수 있을까 고민에 빠져 있었는데 전화기가 울렸다. 바로 낮에 간 성형외과의 원장선생님이었다. 무슨 일로 전화하셨을까 궁금했는데 선생님의 첫마디가 잊혀지지 않는다.

"이 아이를 우리에게 데려다주셔서 감사합니다."

사회봉사 채러티(charity) 프로젝트를 통해 아이를 무상으로 수술해주겠다는 것이었다. 아이가 성장기에 있다 보니 수술은 여러 번에 걸쳐 해야 한다는 말씀과 함께. 그 순간 나도 모르게 "오, 주님. 감사합니다"라는 말을 몇 번이나 되뇌었다. 원장선생님께 감사하다고 했더니 그분은 도리어 본인이 더 감사하다며, 서로 감사하다는 말만 반복하다 가슴 가득 행복을 안고 전화를 끊었다. 그 후 그 소녀는 두 번의 수술을 받았고, 현재 다음 수술을 기다리고 있다.

앞서 말한 청년도 그렇고, 이 아이를 데리고 온갖 고난을 넘어 한국으로 온 아이 엄마를 보면 사람의 의지란 것에 새삼 감탄하게 된다. 자립심과 정신력이 강한 사람은 시장 바닥에 버려져도, 어떤 어려운 상황에 놓여도 살아남는 것 같다. 특히 혈혈단신 한국으로 온 탈북 여성들이 결혼을 하고 아이를 두셋 낳아 모임에 데리고 오는 걸 보면, 그 생명력에 숭고함까지 느낀다.

취재로 시작되었지만 그 후 새터민 아이들과의 인연이 지속되었다. 가끔 만나서 함께 시간을 보내고 식사도 한다. 매년 두 번 정도 이벤트를 만들곤 하는데 워터파크에도 가고, 미술관 전시, 케이팝 공연도 함께 관람하며 유대관계를 맺고 있다. 개인적으로 만날 때만큼은 한없이 사랑해주고 안아주고 싶은데 내 '드라이'한 성격상 그게 참 잘 안 된다. 그래도 여유가 되는 대로 같이 시간을 자주 많이 보내면 그 벽을 무너뜨릴 수 있지 않을까 하는 희망은 놓지 않고 있다.

나도 아들을 가진 엄마이지만 아이를 키우다 보면 힘든 순간도 있다. 하지만 부모자식의 연을 끊을 수는 없으니 인내하다 보면 좋은 시간도 찾아온다. 그런 시간들이 다 나를 훈련시키는 거라고 생각한다. 내 자식을 키우며 배운 것을 사회에서 제대로 보호받지 못하는 아이들에게 베푸는 것, 그것이 세상의 이치가 아닐까.

'내리사랑은 있어도 치사랑은 없다'는 말이 있다. 윗사람이 아랫사람을 위하는 만큼 아랫사람이 윗사람을 위하기는 힘들다는 뜻이다. 나도 그렇게 생각한다. 아이들은 무조건 보호받아야 하는 존재이고, 어른이 아이들한테 주는 건 완벽한 내리사랑이어야 한다고 생각한다.

이렇듯 취재하면서 만나게 된 천기원 목사님, JK 성형외과 주권 원장님, 그리고 새터민 아이들과 다양한 이벤트를 할 수 있게 물심양면으로 도와주시는 그분, 작가님들, 나의 사랑하는 지인들, 우리 ABC 뉴스 서울지국 멤버들 등 모든 인연들에게 항상 고개 숙여 감사한 마음뿐이다.

지속가능한 관계를 쌓아라
Make sustainable relationships

사람을 많이 만나다 보면 항상 좋은 인연만 만날 수는 없는 법이다. 내 마음에 안 드는 사람을 만날 수도 있고 불쾌한 경험을 할 때도 있다. 그런 면을 보면서도 '저런 점은 나한테 적용하지 말아야지' 하고 또 배운다. 기자라는 직업은 손해 볼 것이 하나도 없는 직업이다.

요즘 인맥이 넓은 사람을 '인사이더' 라는 뜻에서 '인싸' 라고 부르던데, 미국에 갔을 때 나는 이방인이었기에 그 존재 자체가 아웃사이더였다. 티 내지 않고 자연스럽게 어울리려고 노력했지만 문화적 차이도 많이 느꼈고, 서로 말소리도 들리지 않을 정도로 음악을 크게 트는 파티 문화에 적응하기도 쉽지 않았다.

게다가 나는 술을 전혀 못하기 때문에 사회생활을 하면서도 제일 괴로운 게 술자리였다. 외신기자들도 취재가 끝나면 항상 술자리를 갖는다. 우리나라처럼 부어라 마셔라 하진 않지만 '바(bar)' 문화에 익숙한 그들은 좁고 왁자지껄한 공간에 모여 큰 음악을 틀어놓고 칵테일이나 간단한 맥주를 마시며 이야기하는 것을 즐긴다. 그런데 나는 별 의미와 결과가 없는 내용을 누군가 내 귀에다 큰소리로 말하는 것도 싫고, 목이 아플 정도로 답을 해야 하는 상황도 영 괴롭다. 하지만 직장생활 첫 15년 정도는 누구나 그렇듯 즐겁지 않아도 네트워킹을 하기 위해 그런 자리에 가려고 노력도 했고, 술 한 방울 마시지 않은 채 자리를 지키기도 했으며, 노래를 해야 하는 상황이 생기면 그 누구보다 열심히 불렀다. 며칠 밤을 새우며 일을 마치고 나면 체력이 바닥나서 그저 눕고 싶을 때에도 에너지 넘치는 동료들을 따라 2차까지 기꺼이 참석하기도 했는데, 지금 생각해보면 정말 고역이었다.

이제는 내 분야에서 어느 정도 전문가로 인정받고 있고, 사회문화가 많이 바뀌어서 그런 자리에 굳이 가지 않아도 되지만 여전히 다수에 의한 무언의 압력은 계속 받고 있다.

문어발식이 아닌 지속가능한 관계를 만드는 법

사회 초년생이거나 인정을 받아야 하는 단계에 있다면 좋든 싫든 부지런히 기회가 닿는 대로 사람들과 섞이고 인맥을 다지는 게 좋다고 생각한다. 사실 미국 사회에서는 인맥, 즉 휴먼네트워크가 무척 중요하다.

미국에서는 우리나라처럼 공채 시스템이 흔치 않기 때문에 채용도 거의 알음알음 인맥으로 추천받아 한다. 또 전 직장에서 어떻게 일했는지 평판 조사를 하고 전 직장 상사의 추천서를 받기도 한다. 그래서 어딜 가든 사람들과의 관계를 잘 맺어나가는 것이 상당히 중요하다.

인맥을 만들고 이어가려면 개개인의 사소하고 전략적인 노력이 수반되어야 한다. 그동안 나의 경험을 돌이켜보면 문화가 달라도 사람과 사람이 관계를 맺는 법에는 크게 차이가 없다고 느끼는데, 몇 가지 터득한 인싸가 되는 비법을 여기서 공유하고자 한다.

1. 사소한 것이라도 잘하는 것을 만들어라

어떤 분야에서 최고 전문가가 되라는 뜻이 아니다. 일 외의 인맥을 만들고 싶다면 다른 분야에 취미를 가지면 좋다. 지인들을 봐도 어떤 분야에 대해 잘 아는 사람이거나 뭔가를 특출하게 잘하는 사람들은 그게 소문이 나고, 그러다 보면 자연스럽게 주변에 사람들이 몰려든다. 예를 들어 영화광으로서 영화에 대한 지식을 매니아 수준으로 쌓는다든가, 축구 같은 특정 스포츠를 좋아해서 유명 축구단에 관한 상식을 줄줄이 꿰차고 있는 사람은 인기가 많다. 우리 회사에 다니던 한 프로듀서는 카메라광이라서 사내 누구든 새로운 가정용 카메라를 구입하거나 할 때는 꼭 그 프로듀서에게 조언을 구하곤 했다.

2. 인맥의 중심에 있는 사람을 찾아라

소위 말하는 '핵인싸'와 가까이 지내면 그 사람을 통해 다른 사람들을 알게 된다. 사실 새로운 조직에 들어가면 누가 누구이고 역학관계가 어떻게 되는지 분위기 파악이 쉽지가 않은데, 인맥의 중심에 있는 사람을 찾으라는 뜻은 '권력'의 중심에 있는 자를 지칭하는 것이 아니라는 점을 분명히 하고 싶다. 권력의 중심에 가까운 자리는 모두가 노리고 있기 때문에 섣불리 말하고 행동으로 나섰다가는 결실도 없이 많은 이들에게 질타의 대상이 될 수 있다. 그러므로 찾아야 할 사람은 바로 '인맥'을 잘 쌓고 있는 사람, 즉 본인의 인맥을 타인과 나누고 싶어 하고 나눌 줄 아는 성향의 사람이다. 아무리 '핵인싸'라 해도 절대 본인이 사람들을 연결해주지 않는 인사이더들도 종종 있으므로 잘 구별해야 한다.

3. SNS를 활용하라

SNS로 인해 인맥을 맺기가 더 쉬워졌다. 짧은 시간에 더 많은 사람과 소통하며 인맥을 쌓을 수 있으니 아주 효율적이다. 나는 특히 페이스북을 많이 사용하는데, 회사 방침상 개인적인 정치적 견해를 표출하는 것은 피하지만 그 이외의 사회 이슈들에 대해서는 나의 의견을 솔직하게 주저 없이 공유하고 있다. 인스타그램과 트위터도 회사의 권유로 계정을 만들어놓았는데 인스타그램에서는 주로 개인적인 근황을 알리고, 트위터는 뉴스 전달을 위해 쓰고 있다. 이런 SNS 계정들 속 사람들의 글을 보면 그들의 성향을 알 수 있고, 기사의 소재로 많은 아이디어도 얻게 되어 흥미롭게 참여하고 있다. SNS를 허세의 도구로 쓰기보다 자신의 생각을 진솔하게 나누는 친구들을 골라 '친한 친구' 그룹으로 분류하여 가까이한다. 매일 맛난 음식, 명품, 여행 사진만 업로드하는 친구들의 계정은 보기에 즐거우니

'안구정화' 차원에서 훑어는 보지만, 가장 매력적인 사람은 본인이 누린 부귀영화보다는 본인의 솔직한 감정을 세련되고 논리적으로 표출하며 공유하는 '페친'들인 것 같다.

4. 약속은 칼같이 지키고 청탁과 부탁은 어렵게 하라

습관적으로 늦거나 약속을 어기는 사람이라면 누구나 꺼린다. 청탁과 부탁을 남발하는 사람도 마찬가지다. 개인적으로 나는 약속을 어기는 지인들을 상당히 싫어하는데, 약속을 미루거나 취소할 때 어떤 방법으로 하느냐는 그 사람에 대한 선호도를 매우 크게 좌우한다. 상대방에 대한 최소한의 예의를 지키는 방법은 피치 못해 약속을 어기는 이유를 정확하고 명확히 알려주는 것이라고 본다. "그날 못 갈 것 같아요"라고 말하기보다는, 혹여 그 이유를 밝히는 것 자체가 어렵더라도 "지금 설명을 드리기는 어렵지만 말 못할 사정으로 약속을 지키지 못하게 되었습니다. 죄송합니다" 정도의 부연설명이 있어야 한다고 본다.

청탁이나 부탁은 개인적으로 나는 크게 불쾌해하지는 않는다. 내 능력으로 도울 수 있는 일이 있으면 뭐든 해주는 것 자체를 즐기는 편인지라 그렇기도 하고, 불가능한 도움은 별 거리낌 없이 거절도 잘하는 편이라 그렇기도 하다. 그러나 거절하는 데 익숙하지 않거나 힘들어하는 성격의 소유자는 청탁이나 부탁할 일이 있다면 상대방도 어렵게 말을 꺼내도록 만들고 나도 어렵게 꺼내야 한다.

5. 만나는 동안에는 상대방에 충실하라

누군가와 함께 시간을 보낸다면 그 사람에게 완전히 집중해야 한다. 인맥관리를 한답시고 신경이 내내 휴대폰에 가 있다면 또 만나고 싶지는 않다. 이 부분은 나도 매번 반성하는 습관인데, 직업상 실시간으로 일어나는 일들에 대해 항시 촉각을 곤두세우고 있어야 하고, 그렇게 20년 이상 살아오다 보니 뉴스 확인을 안 한 채 30분 이상 버티기 힘든 고충이 있다. 시급한 속보가 발생하면 미국 본사 데스크에서 전화가 오도록 되어 있기는 하나, 그럼에도 불구하고 불안감에 휴대폰으로 뉴스와 이메일을 체크하는 습관이 가끔 상대방에게 불쾌감을 주지 않는지 생각하게 된다. 잠깐을 만나더라도 온 우주에 내 눈앞의 상대방만 존재하는 듯이 눈을 맞추고 초집중하는 태도를 보여야 마찬가지로 그 사람에게도 나의 존재감이 확실히 자리 잡게 되는, 질적으로 좋은 시간을 보낼 수 있다. 대화에서의 배려 전략 중 하나는 헤어질 때 마무리로 상대방이 더 할 얘기는 없는지 항시 고려하고 확인하는 것이다.

인맥은 사회생활을 하고 경력을 쌓아가는 데 매우 중요한 자산이다. 그렇지만 많은 사람을 알아야만 네트워킹을 잘하는 것이라 생각하지는 않는다. 인맥을 넓힌답시고 이 사람 저 사람 가볍게 만나고 다니며 상대방에게도 그저 가벼운 지인의 자리에 머무른다면 그 시간과 노력이 헛될 뿐, 결국 아무도 나의 진정한 인맥으로 남지 않는다. 또한 너무 많은 사람과 가벼운 관계를 맺다 보면, 어느 순간 '가벼운' 그들이 나의 최대의 적이 될 때도 있다. 팬과 안티팬은 종이 한 장 차이인 것처럼, 쌓아놓은 신뢰가 깊어야 지속가능한 관계를 이어갈 수 있는 법. 영양가 없는 관계를 문어발식으로 확장하는 것보다는 이미 맺은 인연을 소중하게 지키는 것이 기본이며, 그래야 또 다른 인연으로 이어지게 되어 있다.

스몰토크로 거리를 좁혀라
Make the best use of small talk

인맥이 중요한 것은 누구나 알지만 함께 일하는 동료와의 관계도 어려워하는 사람이 많다. 어디에 가든 인간관계는 가장 중요하면서도 어려운 문제다. 나도 처음 미국에 유학을 갔을 때는 파티 문화가 낯설었고, 낯선 사람들과 자연스럽게 이야기를 나누는 게 쉽지 않았다. 성격이 내성적이어서, 낯을 가려서 먼저 말을 걸기 힘들다고 말하는 사람도 있다. 하지만 많이 부딪히다 보면 소통하는 요령도 생긴다. 그리고 그 요령이라는 것도 뭐 그리 대단한 게 아니다.

같이 일하는 사람들 중에 클라크(Clark)라는 프로듀서가 있다. 그는 다정하고 모든 사람을 다 챙기는 스타일에다 엄청나게 꼼꼼해서 자기가 한 일에 대해 끊임없이 확인하고 의심하는 사람이다. 어느 날 그런 그를 보고 물었다.

"A형이죠?"

그는 자기 혈액형을 모른다고 했다. 서양 사람들은 자기 혈액형을 모르는 경우가 많다. 그래서 한번 알아보라고 했다. 그런데 몇 달 뒤에 다시 만났을 때 그가 A형이 맞다며, 어떻게 알았느냐고 무척 신기해했다. 나는 한국이나 일본에서는 혈액형에 따른 성격 구분이 유행처럼 퍼져 있다고 설명하면서 A형의 특징을 이야기해줬다. 그러자 그는 자기랑 너무 잘 맞는다며 신기하다며 웃었고, 우리는 한참 성격에 대한 대화를 했다.

사실 혈액형 이야기가 한국에서는 특별한 대화 소재는 아니지만 누구에게나 사용할 수 있을 만큼 부담이 없다. 물론 과학적 근거는 없지만. 여자들과는 그래도 대화 주제를 찾기가 쉬운데 가끔 남자들과는 무슨 이야기를 해야 할지 난감할 때가 많다. 그럴 땐 흔해도 누구나 대답할 수 있는 소재로 대화를 시작하면 쉽게 공감하고 재미있어 한다. 누구나 혈액형은 갖고 있지 않은가.

처음 만나는 사람, 별로 친하지 않은 사람과 같이 일을 하고 시간을 보낼 때 뭔가 어색하고 침묵이 흐르는 상황이 있다. 그럴 때 분위기를 편안하게 바꾸어주는 것이 바로 스몰토크(small talk)다. 스몰토크란 사교를 위해 나누는 가벼운 대화를 뜻한다.

직장 동료와 일을 하거나 회의를 할 때 긴장되거나 경직된 분위기를 풀어주는 데도 스몰토크는 유용하다. 더 나아가 사람들과 친해지기 위해서 일 외의 다른 이야기를 자연스럽게 하면 서로를 더 알아가고 이해할 수 있다.

유연하게 대화를 이끌어가는 법

어떻게 하면 자연스럽게 대화를 이끌어내고 분위기를 편안하게 만들 수 있을까? 스몰토크를 위한 팁을 몇 가지 공유하고자 한다.

1. 누구나 공감할 수 있는 가벼운 소재를 택하라

스몰토크를 할 때는 날씨, 가족, 취미, 음식, 영화, 음악 등 누구나 가볍게 이야기 나눌 수 있는 주제를 택하는 게 좋다. 민감해질 수 있는 정치나 종교 이야기는 금물이다. 우리나라에서는 별로 친하지 않은 사람에게 결혼은 했냐, 왜 안 했냐 등 사적인 이야기를 물어보는 경우가 있는데 그것도 좋지 않다.

간혹 자신이 관심 있는 것에 대해서만 이야기는 사람이 있다. 최근 빠진 TV 프로그램이라든가 스포츠 경기 등을 이야기하는데 그에 관심 없는 사람이라면 여간 고역이 아니다. 상대방이 관심을 갖는지 살피면서 대화의 소재를 바꿔나가야 한다.

2. 상대방에게 애써 잘 보이려고 하지 마라

네트워킹하고 싶은 상황에서 낯선 사람과의 스몰토크를 시도할 때 꼭 유의해야 하는 점이다. 특히 한국 사회에서는 일단 모르는 사람끼리 만나면 제일 먼저 상대방의 자리매김이나 사회적 위치를 파악하려는 경향이 있다. 아마도 존댓말이 존재하는 언어사회이다 보니, 먼저 얼굴을 보고 나이가 나보다 많은지, 옷차림을 보고 무엇을 하는 사람인지 등의 정보를 습득하고 납득이 되어야 대화 진행이 편안한가 보다. 그런 과정에서 내가 관찰한 바, 많은 사람이 상대방에게 내가 누구인지 알려야 한다는 강박관념이 있는 것 같다. 아마도 그래서 많은 한국인이 스몰토크 자체를 불편해하고, 혹여 유달리 친근감 있게 다가오는 이방인은 경계하는 것이 아닐까 싶다.

또한 특히 높은 지위에 있는 분들한테 간혹 발견하는 허점인데, 상대방에게 꼭 무언가를 알려주고 싶어 한다. 본인은 선한 마음에 경험한 것들을 나누고 싶어 할지언정, 듣는 사람 입장에서는 피곤한 잔소리나 훈계로 들릴 수 있는데 말이다.

아무튼 스몰토크의 기회가 있을 때 스스로를 어필하기 위해 혹은 본인이 의심받아야 할 사람이 아니라는 것을 입증이라도 하고픈 양 학벌, 재력 등 자신이 이룬 것, 소유하고 있는 것을 드러내는 것은 매우 불필요한 언사다. 호기심을 자아내는 사람은 나에게 관심을 가져주는 사람이다. 나의 관심을 받고 싶어 하는 사람은 피곤할 뿐이다.

3. 주변 사람들에 대해 평소 관심을 가져라

나는 동료들과 이야기를 나누면서 아내가 무슨 일을 하는지, 아이는 몇 살인지를 물어보고 기억하려고 한다. 기억하기 힘들 때는 휴대폰 연락처에 그 사람 이름과 함께 적어놓는다. 요즘은 SNS가 있어서 동료의 인스타그램이나 페이스북에 올라온 가족의 근황도 눈여겨본다. 동료의 아내가 한국 화장품을 좋아한다고 했으면 그걸 기억했다가 기념일에 선물하기도 하고, 동료의 아이가 무슨 발표회에 나간다는 얘기를 들었으면 나중에 어땠냐고 물어보기도 한다. 이처럼 평소 주변인들의 SNS를 관심을 가지고 들여다보고, 이에 대해 가볍게 물어보면, 무뚝뚝해 보이던 남자 동료들도 신나서 자기 이야기를 늘어놓곤 한다.

4. 60%는 듣고, 40%만 말하라

자기 이야기만 늘어놓는 사람보다 꼴불견은 없다. 항상 상대방에게 나보다 더 이야기할 기회를 줘야 한다. 내 말을 하기 위해 애쓰기보다 상대방의 말을 더 들어주자. 대화는 질문으로 시작하는 게 좋고, 그 질문은 예/아니요로 대답하기보다 서술형으로 답할 수 있는 것이 좋다. 예를 들어, "집이 어디예요?"라고 물어본 뒤에 "오래 걸리죠?"라고 묻기보다 "어떻게 오고 얼마나 걸려요?"라고 묻는 것이 좋다. 자세히 질문을 던진다는 것은 상대방으로 하여금 '아, 이 사람이 진정 나에게 관심이 있구나'라는 느낌을 갖게 한다. 바로 그것이 호감으로 이어지는 법. 고로 성의 있는 질문과 경청은 최고의 대화 스킬이다.

5. 보디랭귀지로 상대방을 안심시키는 방법

별것 아닌 것 같아도 의외로 새로운 사람을 접할 때 보디랭귀지는 굉장히 중요한 요소를 차지한다. 나의 비법을 말하자면, 눈빛을 고정시키고 자세를 정면으로 바로 서는 것보다는 상대방을 향해 어깨 각도를 살짝 열어두는 정도가 적당하다. 이때 꼭 기억해야 할 것은 상대방과의 물리적 거리다. 그 어떤 누구도 너무 가까운 거리에서 낯선 사람이 말을 걸어오면 달가워하지 않는다. 본인의 목소리가 큰 편이면 좀 더 멀리 서는 것이 좋다.

스몰토크도 훈련이다. 처음 만나는 사람이든, 엘리베이터에 단둘이 남게 된 동료에게든 내가 먼저 이야기를 꺼내서 짧고 가벼운 대화를 나누는 연습을 해보자. 하면 할수록 익숙해지고 쉬워지며 스킬도 발전할 것이다. 대화의 근육을 키우면 일상적인 생활도 더욱 활기차고 즐겁게 만들 수 있다.

인생을 밝히는 가장 아름다운 네트워킹
The most beautiful networking

사람을 만날 때 나는 기자로서 만나는 관계와 사적으로 만나는 관계를 엄격하게 분리하는 편이다. 기자로서의 나는 객관성을 유지해야 하기 때문에 어떤 사안에 대해서도 솔직한 속내를 보일 수 없다. 나도 사람인데 개인적으로야 흥분할 때도 있고 화가 날 때도 있으며 속으로는 '저 사람 참 뻔뻔하다', '어떻게 저렇게 말할 수 있을까' 등 가끔은 순간적으로 분노가 치밀어 오를 때도 있지만, 다양한 감정이 들어도 그건 소모되는 내 감정일 뿐이라고 정리하고 평정심을 항시 유지하려고 노력하는 편이다. 이는 직업상 오랜 훈련의 결과이기도 한데, 결국 일터에서의 나는 모든 사건과 현상을 '관전'하듯이 '분석'해서 머릿속에 데이터를 저장한다. 예를 들어, 저 사람은 저렇게 생각하고 이 사람은 이렇게 생각하는군, 이 의견과 저 의견은 이런 면에서 상이하고 저런 면에서는 공통점이 있군, 이런 식으로 매사 한 발짝 떨어져서 관찰자의 입장에서 보는 것이다. 그러다 보니 일로 만난 관계에서는 감정적 이입을 하기 어려워 깊은 우정을 나누는 관계로 발전하는 일이 거의 없다.

요즘은 일 관계가 아니라면 사적으로 굳이 새로운 네트워킹을 하는 데 많은 힘을 쏟지 않게 되었다. 이제는 인간관계에서도 선택과 집중이 필요한 시기라고 느끼는 중이고, 그래서 여가 시간에는 침묵도 어색하지 않을 만큼 편한 사람들과 교제시간을 가지려고 노력하고 있다. 친한 친구들 앞에서는 기자로서의 나를 벗어던지고 자연인으로서의 나를 편하게 드러낼 수 있어서 좋기도 하지만, 매일 뉴스의 홍수 속에 있다 보니 뉴스의 생리상 세상의 부정적인 면모를 주로 접하다가, 사랑하는 이들과 긍정적이고 아름다운 이야기들을 나누고 맛난 음식을 먹으며 함께 운동하는 것이 나를 위한 일종의 힐링타임인 것이다.

나는 그들에게 어떤 동반자가 되고 싶은지 자주 고민하고 있고, 서로의 행복을 위해 어떤 마음가짐과 행동이 따라야 하는지에 관한 이야기를 틈틈이 나누게 된다. 20대에서 40대 중반까지는 자의 반 타의 반으로 개인적 관계보다는 나의 커리어에 언제나 우선순위를 두고 살다 보니 이런 생각을 할 여유도 없었던 것이 사실이다.

내 성격상 아침, 점심, 저녁으로 문자를 주고받고 매일 통화하는 스타일의 우정은 결코 불가능하다는 것을 여러 번 확인했다. 대신 양적으로보다는 질적으로 풍부한 관계 발전을 위해 늘 노력하고자 한다. 연인과도, 친구들과도, 관계에 있어 가장 기본적으로 지켜야 하는 의무는 바로 '서로의 행복에 대한 책임감'이다. 각자 자신을 성숙시키는 시간적 거리를 두는 것도 보다 오랜 관계를 유지하는 키포인트가 아닌가 싶다. 연인관계에 있어서는 서로의 독립을 존중하고 응원하며 영감을 주는 것이 바람직하고, 친구관계에 있어서도 각자가 선호하는 모든 일에 관심을 갖고 발전적 대화를 나누면서 서로의 열정적 팬이 될 수 있는 그런 관계를 만들어가고 있는 중이다.

또한 무엇보다 인간관계를 맺을 때는 자기중심을 올곧게 세워놓아야 한다. 주변 사람을 통해 내 가치를 올리려고 한다든가, 누군가에게 너무 의존한다든가 혹은 그 사람이 나에게 의

존하게끔 만드는 것은 건강한 관계가 아니다. 불안정한 상태거나 스스로 약하다고 느끼는 사람은 다른 사람을 만날 때도 방어적이 된다. 저 사람이 나한테 원하는 게 뭘까, 나한테 어떤 피해를 줄까 의심하고 경계한다. 반면 자존감이 높은 사람은 다른 사람을 있는 그대로 보고 좋은 점을 보려고 한다.

물론 나도 좋지 않게 끝난 친구관계가 있다. 하지만 한쪽이 변심하여 내 곁을 떠났을 때는 그것도 수긍하고 받아들여야 한다고 생각한다. 혹시 내가 의도치 않게 상대방에게 상처를 줬을 수도 있으니까. 살다 보면 의도치 않게 관계가 종료되기도 다반사고, 정확한 이유를 모르는 채로 끝나는 경우도 많다. 그건 그냥 서로에 대한 호감이 그 정도까지였기 때문일 수도 있다. 모두가 나를 좋아하길 바랄 수는 없고, 나를 싫어하게 된 사람이 다시 나를 좋아하도록 만들 필요도 없다고 생각한다. 그러니 저 사람이 왜 나를 싫어할까 고민할 필요도 없고, 왜 나를 욕할까 고민하며 미워할 필요도 없다. 그건 시간 낭비다.

내 사람이라면 솔직함이 최고다

인간관계에서 내가 가장 중요하게 생각하는 것은 바로 솔직함이다. 특히 사랑하고 신뢰하는 사람들에게는 솔직한 것이 최고라고 생각한다. 아니면서 그런 척하지도, 그러면서 아닌 척하지도 않는다. 무언가 그런 척하는 건 가식이고, 아닌 척하는 건 숨기는 것이니까. 힘들면 힘들다고 하소연하기도 하고, 설사 창피한 일이라도 곧잘 공유하는 편이다. 내가 솔직해야 상대방도 그럴 수 있으며, 상대방이 나에게 마음을 열어 털어놓으면 성실하게 잘 들어주는 게 내가 해줄 수 있는 최고의 선물이라고 생각하기 때문이다. 극히 개인적이기는 하지만 내가 지인들과의 관계를 긍정적으로 유지하기 위해 세워놓은 나만의 룰이 몇 가지가 있어 공유하고자 한다.

1. 먼저 주고 나중에 받는다

도움이 필요한 사람에게는 내가 먼저 베푼다. 진심으로 도움을 주고 진심으로 고마워하는 마음과 경험이 끈끈한 관계를 만들어준다. 그러나 일방적으로 계속 베풀 필요는 없다. 열 번 도와줬는데 한두 번 되갚기는 고사하고 고마운 줄도 모른다면 그 관계는 건강한 관계가 아니다. 도움을 받기만 하고 이후에 어떤 식으로도 되갚지 않는 사람이라면 더 이상 관계를 유지할 가치가 없는 사람이니 미련을 가질 필요는 없다.

2. 힘든 처지에 있는 지인은 꼭 찾아간다

경조사는 챙기는 편이다. 바쁜 스케줄 때문에 결혼식에는 못

가더라도 장례식에는 반드시 가려고 노력한다. 실패하거나 위기에 처했다면 먼저 나서서 위로해주고 내가 할 수 있는 선에서 도와줘야 한다. 힘들 때 옆에 있어주는 사람이 더 힘이 되는 법이다. 장례문화를 제외하고 개인의 불행에 관한 문제에 있어서는 한국과 외국의 문화가 좀 다르다. 그래서 당황스러웠던 적도 꽤 있다. 한국에서는 누군가 힘든 일을 당하면 서로 눈치를 보면서 거리를 두고 좀처럼 먼저 다가가지 않는 분위기가 있다. 그 이유로 '큰일을 당했는데 경황이 있겠나' 혹은 '혼자 있고 싶을 텐데'라고 많이들 생각한다. 그러나 내 경우에는 지인의 고통을 모른 척하는 것은 불똥이 내게 튀면 어떨까 싶어서 피하는 것일 뿐이라 생각한다. 이런 자기 합리화는 한마디로 비겁할 뿐이다. 친구가 어려운 일을 당했다면 도와주고 위로할 마음부터 내자. 만약 진심으로 안타까운 마음은 있으나 무슨 말로 어떻게 위로해줄지 몰라서 갈등하고 있다면 그저 찾아가 아무 말 없이 손만 잡고 5분간 함께 침묵의 시간을 보내주자. 그것만으로 충분하다.

3. 경험과 시간을 나누려고 노력한다

자주 만나지 못하더라도 전화나 이메일로 안부를 전하고 마음속에 길게 담아두어야 한다. 특히 항상 내 편이 되어주는 가족, 베스트프렌드, 멘토는 어차피 그 자리에 있어줄 사람들이라 믿기에 사회생활이 바쁘다 보면 소홀하게 되기 쉽다.

고로 내가 추천하는 방법 중 하나는 맞춤형 시간과 경험 나누기이다. 가령 클래식을 좋아하거나 임신 중인 동생들에게 자주 선사하는 이벤트는 클래식 콘서트, 발레 공연, 그림 전시회이고 흥이 많고 음악과 문화에 관심이 많은 지인들과는 케이팝 콘서트를 자주 즐기는 편이다. 자녀가 있어 짬을 내기 어려운 동생들과는 가족 혹은 커플로 단기 여행 계획을 세워서 몇 달 만에 한 번이라도 여행 경험을 나누며 추억을 쌓고, 싱글이거나 자녀가 없는 커플들하고는 2~3주간 장기 여행을 가곤 한다. 단 하루를 함께하더라도 소중한 사람과 시간과 경험을 공유하는 것은 오랫동안 의미 있는 추억을 선사한다.

나 자신을 가꾸기 위해 옷을 구매하는 것보다는 이렇게 경험을 나눌 수 있는 곳에 비용을 지출하는 것에 대한 가치가 인생을 길게 보았을 때 훨씬 크다는 것을 아마 오래전에 깨달은 것 같다. 일상이 바빠 친구들과 보낼 시간이 도무지 나지 않는다면 물론 가족들과 시간을 함께하는 것도 좋다. 연로하신 부모님께도 용돈을 드리기보다는 함께 영화를 보러 가거나, 여행을 함께 가거나 하는 것의 기쁨이 더 크다는 의미다.

나이를 먹을수록 사람에 대한 사랑이 내 삶을 더욱 풍요롭게 만든다는 것을 절감했고, 요즘도 체험하는 중이다. 사랑받고 있는 감정 또한 무한 축복이다. 무엇보다 사람들과의 관계를 돈독히 만드는 것은 그저 얻어지는 것이 아니라 끊임없는 노력과 시간을 투자해야 누릴 수 있다는 점을 잊지 말아야 한다.

Chapter 4

세계 속의 나,
변화와 성장을 거듭하라

뉴스가 넘치는 시대다. 자극적인 뉴스를 통해 사람들의 감정을 호도하여
생각을 이끌려고 하는 언론 플레이에 이용당하는 것을 항시 경계해야 한다.
어떤 경우에도 휘둘리지 말고 여러 언론과 논조를 접하며
스스로 세상을 판단하는 습관을 길러야 한다.

기자에게는 '취재윤리'라는 것이 있다.
취재 시 공적 책임을 가지고 공정성을 지켜야 한다는 것으로,
기자는 자신의 말과 글로 누군가에게 피해를 줄 수 있기에
메스를 휘두르는 의사처럼 늘 주의하고 조심해야 한다.
취재원 이국종 닥터와 함께.

2018년 평창 동계올림픽에서

세상은 더욱 작아지고 있고,
우리나라도 점점 다문화, 다인종 사회가 될 것이다.
한국은 폐쇄적인 국가가 아니라 글로벌하게 발맞추어 나가는 나라다.
한국에서 살아가는 우리도 이질적인 것들에 대해
좀 더 열린 마음을 가질 필요가 있을 것이다.

내가 보는 세상이 전부가 아니다
Exposure to world issues

의대생들이 의사가 되면 하는 '히포크라테스 선서'라는 것
이 있다. 이는 1984년 세계의학협회 총회에서 채택된 이른바
'제네바 선언'의 다른 말이다. 의료의 윤리적 지침을 담은 것
으로, 쉽게 말해 의료인으로서 직업윤리를 지키겠다는 선서다.
기자에게도 비슷하게 '취재윤리'라는 것이 있다. 취재 시 공적
책임을 가지고 공정성을 지켜야 한다는 것으로, 기자는 자신의

말과 글로 누군가에게 피해를 줄 수 있기에 메스를 휘두르는 의사처럼 늘 주의하고 조심해야 한다.

그런데 현실에서 취재윤리를 지키지 않고 안일하게 기사를 쓰는 경우가 참 많다. 기본적인 팩트체크도 없이 다른 기사를 그대로 베껴 쓰는 일도 다반사다. 물론 이런 현상의 원인에는 미디어의 중심이 온라인으로 바뀌며 미디어 산업의 구조가 바뀐 것에 있다.

실시간, 24시간 뉴스를 공급해야 하는 시대다. 대중들은 더 빠르고, 더 자극적인 뉴스를 원한다. 누구보다 빨리, 늦으면 그 다음이라도 뉴스를 내보내야 하기에 다른 뉴스를 베껴 쓰는 것도 예전보다 훨씬 심해졌다. 정말 무서운 것은 오보, 가짜 뉴스 등을 심지어 주류 언론사가 팩트체크 없이 종종 베껴 쓴다는 것이다. 특히 해외 뉴스를 국내 매체로 전할 때 이런 현상은 더욱 심해진다.

태국 북부 치앙라이 주의 동굴에서 실종됐다 구출된 유소년 축구팀을 취재할 때다. 태국 현지의 한 매체에서 동굴에 갇힌 13명의 유소년 축구선수 가운데 4명이 현재 구출됐으며, 그중 코치도 포함됐다는 보도를 냈다. 그러자 국내 언론사들도 이를 재인용해 기사를 냈다. 그런데 다음 날 코치를 포함한 마지막 생존자 5명이 동굴에서 구조됐다는 소식이 전해졌다. 코치가 먼저 나왔다는 보도는 완벽한 오보였던 것이다.

이런 해프닝은 성급한 베껴 쓰기 때문에 벌어진다. 국내 언론 뿐 아니라 외신에서도 요즘 들어 이런 일이 아쉽게도 자주 일어나는데 속보 경쟁에 열을 올리다 보니 취재의 기본인 팩트체크조차 하지 않고 기사를 타전해버리기 때문이다. 그러나 예민한 상황일수록 이중, 삼중으로 사실을 거듭 확인한 뒤에 보도해야 하고, 명확한 취재원을 제시해야 한다.

내가 속한 ABC 뉴스팀 같은 경우에는 공식적으로 당국이 사건을 확인해준 뒤, 우리 취재팀이 눈으로 직접 확인한 뒤에만 보도를 한다. 가령 앰뷸런스 헬기가 현장 위를 날아가고 있어도 구출되는 현장을 발견하지 않은 이상, '10번째 소년이 구출되었다'라고 절대 단정 지어 보도하지 않는다. '방금 앰뷸런스가 지나갔는데 지금까지의 루틴으로 보았을 때 10번째 소년이 구출되어 타고 있을 가능성이 있다'라고 표현한다. 취재의 기본은 정확성이며, 확인된 사실만 정확하게 보도해야 한다.

소위 요샛말로 가장 '웃픈' 오보들은 대개 북한 지도자 김정일, 김정은 부자의 건강에 관한 뉴스들이었다. 루머로 시작해서 내외신에서 돌고 돌아 단 하루만 지나면 이미 '사망했다'까지 번지는 사태가 한두 번이 아닌 것으로 기억한다. 이 소재 또한 나의 뉴스룸에서는 당국의 확인 없이는 보도하지 않는다는 원칙을 성실하게 지켜왔다.

기자의 역할과 책임이란

혹여 불가피하게 오보가 나가는 경우가 생기면 언론사는 바로 실수를 인정하고, 시청자들에게 진정으로 사과해야 하며 오보를 전한 기자 개인에게도 책임이 뒤따라야 한다. 올해 1월에는 우리 회사의 기자 한 명이 생방송 도중 큰 실수를 저질렀다. 취재 스타일이 가끔은 공격적이지만 사람에 대한 애정이 유난한 그의 활약상은 매번 회사에서 크게 인정받았는데, 급하게 소식을 전하려고 한 성급함이 불러온 사고였다. 미국 프로농구의 전설적인 선수 코비 브라이언트와 그의 10대 딸이 탄 헬기가 캘리포니아 주에서 추락해 사망했는데, 다른 자녀 세 명까지 모두 사망했다고 잘못 전한 것이다.

나는 그날 회의에 없었지만 동료에게 전해들은 이야기로는 평소 젠틀하기로 유명한 ABC 뉴스 사장이 그렇게 진노한 것을 다들 처음 보았다고 했다. 결국 회사 차원에서 시청자들에게 사과문을 냈다. 회사는 시청자들에게 회사의 보도가 정확하지 않았으며, 회사의 편집윤리 기준에 어긋난다는 사과문을 발표하고 오보를 전한 기자에게는 가차 없이 정직 처분을 내렸다. 그는 공개적으로 깊이 후회하고 반성하며, 본인의 오보로 인해 더 상처받았을 피해자 가족들에게 개인적으로 사죄한다고 밝혔다. 사내 동료들 모두 큰 충격에 빠졌다. 회사에서는 결코 있을 수 없는 일이 벌어졌고, 실수라고 말하기에도 매우 큰 오보였기 때문이다.

그러나 회사와 오보를 전한 기자 모두 바로 실수를 인정하고, 진정성 있는 사과로 수습하려 노력을 기울이는 모습을 보면서, 국내 언론들의 현주소에 대해 떠올리게 됐다. 기자로서 너무나 기본적인 것들을 지키지 않아서 '기레기'라는 조롱을 들으며 스스로 격을 추락시키는 모습을 보이는 기자들을 보면, 같은 업계 선배로서 참 안타깝다는 생각이 든다. 또한 몇몇 언론사들이 오로지 높은 클릭수를 위해 자극적인 제목과 질 낮은 기사들을 경쟁적으로 생산하면서 다 같이 하향 평준화되어가는 것은 아닌지 언론인으로서 심히 안타깝고 슬프기까지 하다. 이런 양상을 지켜보면서 기자도 의사들처럼 히포크라테스 선서 같은 것을 하면 어떨까 하는 생각을 가끔 하게 된다. 상징적 행위에 지나지 않을지 모르지만 기자에게 보도의 책임감을 조금이라도 더 무겁게 느끼게 할 수 있는 조직적, 사회적 제도가 마련되어야 하지 않을까.

기자는 취재원에 접근하는 방법에 있어서도 지켜야 할 원칙이 있다. 우선 "저는 ABC 뉴스 기자입니다. 이런 것에 관심이 있어 연락 드렸습니다"라고 미리 자신의 신분이 기자라는 것을 밝혀야 한다. 또 취재한 내용은 기사로 써도 되는지도 꼭 동의를 얻어야 한다. 기자가 아닌 다른 사람인 척 접근해서 정보를 알아내 기사를 쓴다거나, 기사로 내도 된다는 허락을 받지 않고 쓰는 것은 모두 취재윤리에 어긋나는 것이다. 그럼에도 불구하고 요즘 '심층 기획취재'라는 미명하에 난무하는 몰래카메라와 도청장치를 동원한 기사들, 또 이런 기사들에 열광하는 독자들이 늘어나고 있어 상당히 우려된다.

인터넷의 발달 덕분에 정보는 이미 차고 넘치므로 더 깊은 지식을 바탕으로 취재를 해야 할 시대가 왔다. 뉴스는 단순히 정보를 제공하는 것 외의 역할을 하고 있고, 학교를 떠난 성인들에게 뉴스는 재교육의 장이자 지식 습득의 창구가 된다. 정보를 전하는 새로운 플랫폼들은 우후죽순 생겨나고 있지만, 새로운 지식과 정보를 가장 빠르게 습득할 수 있는 좋은 도구는 여전히 뉴스다. 사회가 고도화될수록 기자의 역할과 책임감은 더욱 커지게 될 것이며, 또 이에 대한 직업의식 또한 강해져야 한다.

넓게 보고 스스로 판단하라

뉴스와 기자를 보는 대중의 의식도 조금 달라졌으면 하는 바람이 있다. 처음 한국에서 보도를 시작하며 느낀 것은, 사람들이 기자를 엘리트층 혹은 기득권으로 본다는 것이었다. 기자라고 하면 시선이 달라지고 뭔가 더 치켜세워주는 듯한 느낌을 받은 적이 많다. 하지만 서양권에서 기자는 그저 감시자(watchdog)로, 사실과 현상, 이슈 등을 감시해서 보도하고 알리는 역할을 할 뿐이다.

우리나라에서 기자의 역할은 확대해석되어왔다. 그래서인지 기자에게 바라는 사회적 역할 또한 과장된 것 같다. 기자가 사실을 전달하는 것 이상으로 대안을 제시하고, 사회에 어떤 영향을 미쳐야 한다는 통념이 있다는 것을 자주 느낀다. 하지만 대안 제시는 사회운동가나 정치인의 역할이고, 언론은 그런 대안을 제시하는 전문가들의 의견을 제대로 전달하는 것에 집중해야 건강한 민주사회가 유지될 수 있다.

전문가들의 생각을 이용해 여론을 조장하는 일부 언론에 주의해야 한다. 자극적인 뉴스를 통해 사람들의 감정을 호도하여 생각을 이끌려고 하는 언론 플레이에 이용당하는 것을 항시 경계해야 한다. 어떤 경우에도 편파적인 언론에 휘둘리지 말고 여러 언론과 논조를 접하며 스스로 판단하는 습관을 들여야 한다.

내 경우에는 어떤 논조를 가진 뉴스든 가리지 않고 보고, SNS에서도 특정 정치적 편향성을 가진 사람을 피하지 않는다. 물론 그 사람이 공격적이거나 자신의 의견을 강요한다면 얘기가 달라지지만 그렇지 않다면 나와 다른 생각이나 의견을 보는 것을 꺼리지 않는다. 아니, 오히려 흥미롭게 받아들이고 있다.

미디어가 파편화되고 포털 사이트가 발달하면서 사람들이 자기 입맛에 맞는 뉴스를 선택해서 볼 수 있는 세상이 왔다. 화면에 보고 싶은 뉴스만 뜨게 만들고 SNS의 타임라인도 나와 같은 생각을 가진 사람들의 의견만으로 알고리즘이 채워지고 있다. 이처럼 새로운 미디어 환경은 다양성과 자율성이라는 이점을 주는 한편 자신이 선별한 뉴스와 타임라인만이 세상의 전부인 양 착각하기도 쉬워졌다. 나는 그것이 현대사회의 또 다른 재앙이 될 수도 있다고 생각한다. 다들 자신과 다른 의견은 아예 보지 않고 편협한 세상에 갇혀 스스로의 시야를 축소하기 더 쉬운 세상이 된 것이다.

여러모로 복잡해진 세상에서 나 자신을 지키기 위해서는, 어떤 것에도 쉽게 설득당하거나 휘둘리지 않고 내면의 눈을 크게 뜨고, 좀 더 현명해질 필요가 있다.

오만과 편견을 버려라
Throw away all the prejudice

　1994년 대학교 석사과정을 마치고 신생 방송국이었던 ABN 홍콩지국에서 일하던 시간은 참 좋았던 기억으로 남아 있다. ABN에 처음 갔을 때 신기했던 건 정말 다양한 인종과 문화적 배경을 가진 사람들이 모여 있다는 것이었다. 영국인, 미국인, 중국인, 일본인, 말레이시아인, 인도인 등 다양한 국적을 가진 사람들이 함께 일하고 있었다.

한국에서는 말할 것도 없고 미국에서도 거의 백인이 주류인 조직에서 일하다가 다문화적인 조직에 오니 정말 새로운 세상이 펼쳐진 것이다. 세상에 그렇게 많은 종교가 있다는 것도 처음 알았다. 특히 무슬림 문화권의 사람들은 우리 시각에선 가장 낯설게 느낄 수도 있다. 나도 무슬림과 가까이 일한 적은 그때가 처음이라 신기한 게 많았다. 무슬림은 우선 먹는 것에 제약이 많았고 직장 내에서도 기도 시간에 맞춰 기도를 했다. 여자들이 히잡을 쓰고 다니는 것도 당시 나에겐 신기해 보였다.

그러나 호기심 많은 나에게는 그것이 문화충격이라거나 이질감으로 다가오기보다는 나와 다르다는 점이 오히려 흥미롭게 느껴졌다. 그리고 '이 세상에는 참 배울 게 많구나' 하는 마음가짐을 갖게 되었다. 내가 이런 태도를 갖게 된 것은 아마도 나 자신이 마이너리티로 살아본 경험 때문일 것이다. 미국에서 지냈던 초등학교 시절에 한국 사람이 거의 없는 환경에서 생활했는데, 그때 나를 받아주고 관심을 가져주는 사람들이 무척 고마웠다. 그런 경험 덕분에 나도 마이너리티를 접했을 때 어떻게 해야 그 사람이 자존심 상하지 않고 마음 상하지 않게 다가갈 수 있는지 터득하게 됐다.

내가 터득한 방법은 항상 존중을 바탕으로 한 솔직함으로 다가가는 것이다. ABN에서 마이너리티에 속하는 무슬림과 일할 때도 마찬가지였다. 나는 솔직하게 그 문화권에 대해 궁금한 것을 물어봤다. 왜 히잡을 쓰고 다니는지, 집에서 어떤 음식을 먹는지 등 순수하게 알고 싶다는 관심으로 질문을 하면 상대방도 친절하게 설명해줬다. 그러면서 그들과 더 친해지는 계기가 되었고 무슬림에 대해 많이 배우는 기회도 되었다.

성소수자 등 다른 마이너리티들을 대할 때도 터놓고 솔직하게 대화하려고 한다. 마이너리티로 사는 사람들은 스스로가 소수자라는 걸 의식하고 있다. 그런데 그것을 전혀 없는 사실처럼 취급하고 대하기보다는 사실은 사실대로 인지하고, 그 사실을 바탕으로 대화하려고 한다.

물론 이것은 선택의 문제이기도 하다. 예민한 문제에 대해서는 구태여 건드리지 않는 게 예의라고 생각할 수도 있고, 단순히 그런 이야기를 하는 게 불편해서 안 하는 사람도 있을 것이다. 그러나 나는 적어도 사실을 서로 인지하고 대화해야 건설적인 대화가 된다고 본다. 내 경험상 그렇게 했을 때 상대방도 마음을 열고 더 가까워질 수 있었고 건설적인 대화를 할 수 있었다.

'그럴 수 있지'라고 생각하기

제노포비아(xenophobia)라는 말이 있다. '낯선 사람'이라는

'제노스(xenos)'와 '공포'를 의미하는 '포보스(phobos)'란 그리스어를 합친 말로, 이방인에 대한 혐오를 뜻한다. 세계 각국에 다른 인종이나 종교를 혐오하고 차별하는 제노포비아가 존재하지만 우리나라도 별반 다르지 않다. 특히 우리나라는 동질감이 중요한 사회다. '우리는 한민족이다'라고 교육받으면서 강력한 소속감과 안정감을 느끼는 대신 다른 민족이나 인종을 포용하는 데는 서툰 것 같다. 또 '뭉치면 살고 흩어지면 죽는다' 정신을 강조하는데, 협동심이 강하다는 장점은 있지만 획일성을 강요하고 다른 것을 부정하는 경향도 있는 것 같다.

나와 너무 다른 문화나 종교를 가진 사람을 만났을 때 조금 당혹스러울 수는 있다. 그렇다 하더라도 절대 표정으로 드러내지 않게끔 주의해야 한다. 외국에서 차별을 당해본 사람이라면 알겠지만 말이나 행동뿐 아니라 표정으로도 차별을 느끼는 경우가 많다. 예를 들어 상대방이 "나는 이거 먹으면 안 돼"라고 했을 때 이상하다는 듯한 표정으로 묻는 "왜?"와 단순한 호기심과 관심에서 나온 "왜?"는 다르다. 누구나 그 차이를 느낄 수 있다.

표정을 관리하려면 생각을 바꿔야 한다. 나와 다른 것은 틀린 게 아니라 다르니까 흥미롭다고 생각하는 것이다. 설사 우리 상식으로 이해하기 힘들지라도 유난 떨지 말고 '그럴 수도 있지'라는 태도를 유지해야 한다. 편견과 선입관을 버리고 머릿속을 말랑말랑하게 유지하면 그리 충격 받을 것도, 놀랄 것도 없다.

세상은 더욱 작아지고 있고, 우리나라도 점점 다문화, 다인종 사회가 될 것이다. 한국은 폐쇄적인 국가가 아니라 글로벌하게 발맞추어 나가는 나라다. 그러니 한국에서 살아가는 우리도 이질적인 것들에 대해 좀 더 열린 마음을 가질 필요가 있을 것 같다.

또한 인종이나 국가를 떠나 우리는 모두 한 지구에서 살고 있다. 같은 땅에서 같은 자원을 갖고 나눠 써야 하는 공동체의 일원이다. 함께 살아가기 위해서 가장 중요한 것은 공존과 공유라고 생각한다. 나와 다른 사람과 공존할 수 있어야 하고, 같은 가치와 목표를 공유할 수 있어야 한다. 그러려면 나만 옳다는 생각을 버려야 한다. 나와 다른 상대방의 생각도 존중하는 것이 성숙한 사회인의 자세가 아닐까.

세상은 넓고 생각은 다양하며 살아가는 방법도 다양하다. 얼마나 흥미로운가! 다양성의 이해, 다름의 이해로 세상을 탐험하겠다는 마음을 가지면 삶은 지금보다 더욱 풍요로워질 것이다.

세계인의 눈으로 세상을 보는 법
Why foreign news matters

　　내가 매일 행하는 의식과 같은 일, 나만의 아침 루틴이 있다. 아침에 일어나면 9시부터 11시까지 간밤의 미국 뉴스와 조간 한국 뉴스를 다 훑고 이메일을 확인한다. 일단 본사 뉴스 홈페이지에 들어가 국제 이슈 중심으로 완성된 닷컴뉴스와 비디오 뉴스를 확인하고, 트럼프 대통령 관련된 기사들을 주로 확인한다. 그리고 간혹 더 파고들어야 하는 주제가 있으면 〈뉴욕타임스〉나 〈워싱턴포스트〉가 다뤘는지 찾아본다. 그다음은 국내 뉴스인데, 예전에는 신문 읽기를 고집하다가 이제는 언론사 기사를 네이버나 해당 언론사 홈페이지에 들어가 확인한다. 그런 다음 주요 국내 방송사의 방송 뉴스들을 시청하고 페이스북을 확인한다. 알고리즘으로 인해 내 타임라인에는 역시 뉴스가 많고, 페이스북으로 친구를 맺은 이들 중에서도 기자나 기자 출신이 많다 보니 그들이 관심 있어 공유한 뉴스들을 읽는다.

대충 이런 루틴을 마치고 나면 아침밥 든든히 먹은 듯 마음이 놓이고 하루가 자신만만하다. 요즘은 뉴스를 소비하지 않는 사람들이 점점 늘어나고 있는데, 세상일에 무관심한 사람들이 있다는 것이 가끔 신기하다고 느낀다. 무인도에서 혼자 사는 것이 아닌 이상 나를 둘러싼 이 세상 안에서 어떤 일들이 일어나고 있는지 궁금하지 않은가!

어릴 적부터 신문 읽기를 즐겨 했고 뉴스에 관심이 많았으나 미국 유학을 가면서 그동안 내가 우물 안 개구리였다는 걸 깨달았다. 사람들은 '코리아'라는 단어 자체를 몰랐으니 한국이란 나라의 존재감은 물론 없었고, 한국에서 태어난 내 존재는 더더욱 미미하다는 것을 어렴풋이 눈치로 느끼게 되었다. 이유 없이 주눅이 들기도 했고, 뭔지 모를 울분이 가슴속 깊은 곳에서 솟구쳐 오르는 것을 느꼈다. 아마도 2010년 이전에 외국 생활을 해본 한국인들은 다 비슷한 경험을 해봤을 것이다. 한류, 삼성, 그리고 코로나 팬데믹의 성공적 대처로 우리나라의 위상이 많이 높아진 게 사실이지만 밖에서 바라보면 여전히 코리아는 변방의 작은 나라다.

이 작은 사회에서도 편을 가르고 나와 다른 사람, 나보다 잘난 사람을 배척하며 자신의 세계를 오히려 더 제한하는 안타까운 사람들을 지켜보다 보면, 우물 안 왕국에 함몰되어 더 넓은 세상을 보지 못하는 것이 안쓰러울 뿐이다. 한 발짝 뒤로 물러서서 더 넓은 시야로 주변을 둘러보면 타인을 바라보는 시각이 훨씬 더 여유로워질 텐데…. '나만 옳고, 너는 틀리다'로 아무리 티격태격해보았자 지금 우리의 생활영역은 세상에서 아주 미미한 공간일 뿐인데, 마치 나와 같은 세력을 키우고 상대방을 전멸시키는 것을 숙명인 양 여기는 일부 한국 사회의 분위기가 개인적으로 매우 답답하다.

또 한 가지 안타까운 것은 한국 언론들이 국제 뉴스를 충분히 다루지 않는다는 것이다. 태국 동굴 소년 사건 때만 해도 현장에서 한국 기자를 단 한 명도 보지 못했다. 내가 보지 못한 건가 싶어 귀국한 후에 주변 언론사 지인들에게 물어보았지만, 국내 언론에서 직접 기자를 파견한 곳은 없었다. 태국에 특파원이 있었던 큰 언론사들은 현장이 아닌 수도 방콕에서 타전했고, 대다

수가 로이터나 AP 통신의 기사를 받아서 전달한 것이다.

왜 한국에서 현장에 기자를 파견하지 않았는지 아직도 의문이다. 물론 수백 명 이상 사망한 재난재해 사건은 아니었지만 어린 소년들이 갑자기 불어난 물로 인해 목숨이 위태로웠던 사건이었고, 그들을 구출한 그 과정은 진정 인류애가 가득하고 기적적인 사건이었으며, 전 세계의 이목이 집중된 일이었다. 내 기준으로는 이보다 더 좋은 기삿거리가 없었는데 내신은 어떤 기준으로 뉴스의 가치를 선정하기에 기자 파견은커녕 뉴스 보도도 그리 미미하게 했는지 여전히 의문이다.

그 외에도 세계적으로 관심을 갖는 뉴스임에도 불구하고 우리나라에서는 거의 보도되지 않는 경우가 꽤 많다. 그렇다 보니 대중도 나라 밖의 일에 관심을 덜 갖는 건지도 모르겠다. 우리의 시야가 국내로만 한정되고, 그 안에서도 더 편협해지고 있는 건 아닌지 점검해볼 때다.

결국 우리는 한국인이기 이전에 지구인이고 세계인이라는 사실을 잊지 말았으면 좋겠다. 게다가 세계는 날이 갈수록 좁아져서 나와 전혀 상관없을 것 같은 지구 반대편의 일이 나비효과가 되어 나에게 영향을 주는 일도 심심치 않게 일어난다.

알면 보이고, 보이는 만큼 알게 된다. 물론 우리가 세계 이곳저곳을 다 다닐 수는 없는 노릇이고, 세상의 일을 다 직접 경험하고 볼 수도 없다. 그러나 우리에겐 뉴스가 있다. 직접 움직이지 않고 돈을 들이지 않아도 세상을 보는 시각을 넓힐 수 있는 방법이 바로 뉴스다. 뉴스를 보며 우리 사회가 어디로 가고 있는지, 또 우리를 둘러싼 국제 정세는 어떻게 흘러가고 있는지 안목을 키울 수 있다. 그렇게 함으로써 비록 작은 나라, 작은 사무실에서 대부분의 시간을 보내는 삶일지라도, 자신의 세계를 확장시킬 수 있는 것이다.

능동적으로 탐구하고 공부하자

사실 더 이상 보여주는 뉴스만 기다리고 있을 필요가 없는 세상이다. 개인이 관심을 갖고 보려고 하면 세계의 온갖 뉴스를 마우스 클릭 몇 번, 스마트폰 터치 몇 번으로 얼마든 찾아볼 수 있으니 얼마나 좋은가. 오히려 쏟아지는 뉴스에 뒷걸음질 치게 되는가? 그럴 때 가장 좋은 방법은 명망 있고 신뢰도 높은 언론사의 뉴스를 보는 것이다. 다 읽지 못하더라도 제목만이라도 훑는 훈련을 해보면 좋겠다. 그러다 마음이 가는 기사가 있으면 정독을 하면 더 좋다.

간혹 〈뉴욕타임스〉나 〈워싱턴포스트〉 같은 영자 신문을 들고 있는 것을 허세의 상징처럼 이야기하던데 그것이 겉멋이라도 좋다. 그렇게 해서 제목만이라도 보는 습관을 들이면 나쁠 것이 없기 때문이다. 국제 뉴스뿐 아니라 넷플릭스, 유튜브 등을 활용해서 외국의 좋은 다큐멘터리들도 찾아보면 시야를 넓히고 시류를 따라가는 데 도움이 된다.

뉴스를 볼 때는 번역기를 돌려서 볼 수도 있겠지만 이왕이면 영어를 공부하자. 영어가 세계 공용어가 된지 오래고 이제는 영어를 조금이라도 하지 못하면 불편한 세상이다. 나이에 상관없이 영어를 읽고 해석할 수 있게 되기만 해도 세계가 엄청나게 확장된다. 영어로 생산되는 정보의 양이 어마어마하게 많기 때문이다. 지금처럼 정보가 중요한 시대에 언어 하나를 더 할 수 있다는 것은 단순한 특기 하나를 늘리는 것 이상의 이점을 준다.

물론 언어를 배우는 게 그리 간단한 일은 아니다. 나도 영어 때문에 꽤나 고생을 했다. 초등학교 때 몇 년 미국에서 지냈지만 그 후 한국에서 자랐으니 그나마 발음이 좀 괜찮다는 것 외에는 한국에서만 교육받은 여느 학생과 다를 바가 없었다. 영어로 일상적인 대화를 할 때는 그나마 그럴듯해 보였지만 미국 대학에서 학업을 하기에는 턱없이 부족했다. 수업 내용을 다 알아듣기도 힘들었으니 필기를 하는 것은 더더욱 힘들었다. 지금이라면 스마트폰으로 녹음을 해서 다시 들을 수 있겠지만 당시엔 녹음할 기계도 마땅치 않을 때라 그 순간을 놓치면 그만이었다.

궁여지책으로 룸메이트에게 부탁해서 필기한 것을 빌리곤 했지만 언제까지 남에게 의지할 수는 없는 일이었다. 약점을 극복하려면 열심히 공부하는 수밖에 없었다. 영어를 공부하는 특별한 방법이 있냐는 질문을 자주 받는데, 천재가 아니라면 영어는 시간과 노력을 투자하는 만큼 성과가 나오는 것이 당연하다. 그중에서도 세 가지가 핵심이다.

첫째, 무조건 단어를 많이 외워야 한다. 소위 '깜지'를 하는 것처럼 나는 연습장에 수없이 반복적으로 써 가며 단어를 달달 외웠다. 눈으로 외우는 게 아니라 손으로 쓰면서 외워야 효과가 있다. 둘째, 많이 접해서 익숙해져야 한다. 영어로 된 영상을 시청하고 글도 많이 읽어야 한다. 나는 하나의 텍스트를 총 세 번 읽었다. 처음 읽고 한 번 더 읽은 다음, 세 번째에는 입으로 소리 내서 읽는다. 혼자서 열심히 공부했다면 마지막으로 실전에서 사용해야 실력이 는다. 이때 중요한 것은 외국 사람을 만났을 때 '잘 들이대야 한다'는 것이다. 어차피 외국인이니 발음이 좀 이상하거나 문법을 틀려도 비난하는 사람은 없다. 그러니 두려워하지 말고 적극적인 수다쟁이가 되어야 한다. 말 한마디라도 영어로 더 해보려고 하다 보면 자연스럽게 실력이 향상된다.

영어가 한순간에 느는 것이 아니라는 것은 잘 알고 있다. 그래서 언어 이전에 주변 세계에 대해 열린 태도와 관심을 갖는 것이 더 중요하다. 다른 언어를 배우는 것도 결국 그 사회와 문화에 대한 열린 마음이 전제되어야 하기 때문이다.

국내 문제도 산재해 있는데 다른 곳까지 신경 쓸 여력이 어디 있냐고 할지 모르겠다. 실제로 전쟁과 독재로 인한 고난의 시기에는 나라 밖까지 관심을 쏟기 힘들었던 것도 사실이다. 하지만 이제는 우리도 당당한 세계의 일원으로 한몫을 할 수 있게 되었다. 우리 자신을 위해, 앞으로 나아가기 위해서라도 더 넓은 곳을 둘러보는 자신감과 여유를 갖췄으면 한다.

자기주장을 두려워 말라
Don't be afraid of expressing yourself

내가 어릴 때부터 가장 많이 들은 말이 "너는 자기주장이 참 강하다"라는 것이었다. 타고난 성격도 있지만 어린 시절을 미국에서 보낸 것도 영향을 끼쳤을 것이다. 미국에서 초등학교를 다닐 때 가장 많이 들은 말은 "What do you want(네가 원하는 게 뭐니)?"라는 질문이었다. 아주 어린아이들이 장난감을 가지고 싸워도 선생님은 아이 한 명 한 명에게 "What do you want?"

라고 물었다. 아이들이 저마다 원하는 것을 이야기하면 그것을 바탕으로 타협하고 조정하도록 가르친다. 그럴 때 자신이 원하는 것을 말하지 못하고 쭈뼛쭈뼛하면 아주 수줍음이 많은 아이거나 심지어 지적 능력이 모자란다고 생각하기도 한다. 그런 환경에서 교육받으면서 어떤 상황에서도 내 의견을 명확하게 이야기하는 훈련이 된 것 같다.

사실 지금도 "자기주장이 참 강하시네요"라는 말을 들을 때가 있다. 우리 문화에서는 이게 좋은 의미인지 나쁜 의미인지 애매할 때가 많다. 지금은 모르겠지만 얼마 전까지만 해도 여자들은 속으로만 생각하지 자기 의견을 강하게 표현하지 않고, 그런 '조신한' 여성이 좋은 여성이며 자기주장이 강하면 '드세다'라는 통념이 있는 것 같다. 그러나 나는 그런 말을 들으면 이렇게 설명한다.

"저는 단지 제 생각을 표현하고 전달하는 걸 두려워하지 않고 주저하지 않습니다. 주장이 강하다는 건 내 생각을 상대방에게 강요하거나 관철시키려고 선을 넘었을 때 표현하는 말인데, 제가 그 선을 넘었나요?"라고.

말과 글로 내 의견을 제대로 전달하는 법
누구나 자신의 의견을 주장할 수 있고 주장해야 한다. 의견이 없다는 것은 아무 생각이 없다는 뜻과 같다. 말과 글로 전달하지 않으면 타인은 내 생각을 알 수 없으니 말이다. 제대로 메시지를 전달하지 않으면서 상대방이 알아주겠거니 생각하고, 알아주지 않는다고 섭섭해하는 사람들이 있다. 하지만 세상이 나를 중심으로 돌아가는 것이 아니니, 사람들이 내 의중을 파악하는 데 시간과 노력을 쏟기를 바랄 순 없다.

지금 시대는 자기 생각을 표현하고 의견을 전달하는 일이 더욱 중요해졌으며 앞으로도 상당히 중요해질 것이다. 학교에서도 직장에서도 토론하고 발표하는 능력이 중요한 역량으로 평가받는다. 사적인 영역에서조차 전화와 문자메시지로 소통하는 일이 잦아졌고, SNS에서도 글로 자신을 표현하는 일이 많다. 그래서 말을 잘하고 글을 잘 쓰는 것이 더욱 중요해졌고, 어떻게 하면 잘할 수 있는지 그 방법에 대해 관심이 커졌다. 말과 글로 대중에게 메시지를 전달하는 직업을 가진 사람으로서 내가 가진 노하우를 여기서 공유하고자 한다.

먼저 말로 메시지를 전달하는 방법이다. 학생들과 대화하다 보면 좋은 대학을 우수한 성적으로 다니고 있어도 자기 생각을 말로 제대로 전달하지 못하는 이들이 생각보다 너무 많아서 당황스러울 때가 한두 번이 아니다. 심지어 사회생활을 오래 한 사람들도 우물우물하면서 메시지를 제대로 전달하지 못하는 경우가 꽤 있는데, 이런 분들에게 세 가지 팁을 주고 싶다.

1. 말은 끝까지 분명하게 하라

말이건 글이건 문장을 끝까지 마무리하지 못하고 얼버무리는 사람이 있다. 끝으로 갈수록 목소리가 작아지고 웅얼거려서 무슨 말을 하고 싶은 건지 이해하기 힘들다. 자기 생각에 자신이 없어서일 수도 있고, 남이 어떻게 생각할까 눈치를 봐서일 수도 있다. 이런 습관을 가졌다면 머릿속에서 생각을 분명히 정리한 다음 말하자. 그리고 책을 소리 내어 읽는 연습을 추천한다. 이 비법은 일단 해보면 효과가 엄청나서 만족도가 꽤 높을 것이라 장담한다. 문장의 처음은 의식적으로 작게 읽고 끝으로 갈수록 큰소리로 읽는 연습을 하는 것이 꼭 기억해야 할 중요한 포인트다.

2. 귀여운 억지 목소리는 도움이 안 된다

나는 어릴 때 여자가 목소리가 크면 안 된다, 친절하고 상냥하게 말해야 한다는 교육을 받고 자랐다. 그러다 보니 높은 톤으로 여성스럽게 말하는 게 몸에 익었다. 그러다 영어로 뉴스 읽는 교육을 받던 시절 "귀엽게 보이려고 하지 말 것이며, 특히 하이톤으로 말하지 마라"는 질책을 받고 당혹스러웠다. 녹음기

를 들고 다니며 꾸준히 목소리 톤과 어조를 연습한 끝에 이제
는 영어로 말할 때 자연스럽게 중저음이 나오게 되었다. 하지
만 한국말을 할 때는 여전히 한 단계 높은 음이 튀어나오는데
아마도 오랜 습관 때문에 쉽게 고쳐지지 않는 듯하다.

앵앵거리는 목소리나 지나친 콧소리를 내면 아무래도 프로
페셔널하게 보이지 않는다. 원래 자기 목소리라고 하지만 장기
간 학습된 습관일 확률이 높다. 가성이 섞인 가녀린 목소리보
다 좀 더 힘 있고 정확한 목소리를 내려고 노력해보자.

3. 고성은 삼가자

힘 있는 목소리를 내라고 하면 목소리를 무조건 크게 하는
것이라고 착각하는 사람이 있다. 하지만 낮은 목소리로 힘 있
게 말할 때 더 큰 울림을 주는 경우가 많다. 때와 장소를 가리지
않고 큰소리로 말하는 사람은 주변 사람들을 피곤하게 만든다.
원래 목청이 커서 어쩔 수 없다는 사람도 있는데 의식적으로
자제하고 훈련하면 이 또한 고칠 수 있다고 생각한다.

그렇다면 글은 어떻게 써야 할까? 나는 문학작품을 쓰는 사
람이 아니라 논리적인 글쓰기를 하는 사람이기에 이에 대한 팁
은 제시할 수 있을 것 같다. 대학교에서의 논문이나 회사에서

의 보고서, 또 기자로서의 보도문 등은 모두 논리적인 글쓰기에 속한다.

글을 잘 쓰기 위해 내가 터득한 방법을 소개하자면 첫째, 좋은 글을 많이 읽는 것이 우선이다. 이것은 어느 분야에서든 마찬가지일 것이다. 음악을 하는 사람들도 음악을 잘 만들려면 우선 음악을 많이 들으라고 한다. 관심 있는 분야의 좋은 글을 재미있게 읽다 보면 잘 쓴 글의 구조와 흐름이 자연스럽게 체득된다.

둘째, 글을 쓰기 전에 머릿속에서 충분히 생각하고 다듬어야 한다. 글은 결국 메시지를 전달하기 위함인데, 그 메시지가 바로 서 있지 않으면 아무리 스킬이 뛰어나도 좋은 글이 나올 수 없다. 먼저 내가 전달하고 싶은 메시지를 정하자. 쓰는 사람이 전하고 싶은 바가 분명하지 않으면 글을 읽는 사람도 '이 사람이 무슨 말을 하는지' 이해할 수 없다. 중심 생각을 정해두지 않으면 우왕좌왕하다가 흐지부지 글을 끝내게 된다.

셋째, 메시지를 정했다면 그 메시지를 글의 어디에 둘지 정한다. 중심 문장을 서두에 둘 것인가, 아니면 꼬리에 둘 것인가. 중심 문장을 서두에 두는 것은 두괄식으로, 중심 생각을 먼저 밝힌 뒤에 왜 그렇게 생각하는지 뒷받침하는 문장들을 나열하는 방식이다. 중심 문장을 꼬리에 두는 것은 미괄식으로, 앞부분에 현상이나 분석 등을 나열하고 끝에 중심 문장을 두어 강조하는 방식이다. 이것은 쓰는 사람의 스타일에 따라서 다를 수 있는데 나는 주로 두괄식을 사용한다. 그런 다음에는 머릿속에서 글의 기승전결을 정리하는 연습을 해야 한다. 사건이 있으면 그 사건의 원인과 결과를 정리한 다음에 글을 써야 흐름이 매끄럽고 보는 사람도 이해하기 쉽다.

한 가지 덧붙이자면, 자기주장이 강하다는 것이 자기 의견만 쏟아내는 것을 뜻하는 건 아니다. 자기 의견을 말하는 만큼 다른 사람의 의견도 경청해야 한다. 사람들과 의견을 나누다 보면 논쟁을 하게 될 때도 있는데, 나는 그것도 즐긴다. 가까운 사람들과도 서로 다른 의견을 말하며 열띤 토론을 벌이기도 한다. 나와 같은 생각을 가지고 같은 말만 하는 사람들과의 대화는 편안할지는 몰라도 흥미롭지는 않다. 다양한 '자기주장'을 가진 사람들이 설왕설래하는 조금은 시끄러운 세상이 나는 좋다.

내가 하는 일을 남이 알게 하라
Let people know what you have done

2018년 평창 올림픽 때의 일이다. 올림픽이 폐막한 날 동료 기자들은 뒤풀이를 하기로 했다. 나는 가고 싶지 않았는데 동료 기자인 매트 거트먼(Matt Gutman)이 계속 가자고 권해서 술자리에 따라갔다. 조그만 바에 둘러앉아서 맥주 마시다가 매트와 따로 이야기를 하게 되었다. 그는 나에게 '이런 자리에 좀 나오라'고 하면서 이렇게 덧붙였다.

"그리고 너도 네 목소리 좀 내."

의아했다. 나름대로 내 목소리를 많이 낸다고 생각하고 있었는데? 그는 내가 이메일을 쓰는 방식에 대해 이야기했다. 나는 어떤 이슈에 대해 내 의견이나 알아두면 좋은 사실 등을 데스크에 이메일로 보낸다. 그리고 데스크에서 내용이 좋고 모두 보면 좋겠다 싶으면 전체 메일로 돌린다. 특히 북한에 관해서는 나만큼 아는 사람이 없기 때문에 그런 경우가 많았다. 그의 말인즉슨, 모두가 보면 좋다는 걸 네가 판단할 줄 알 텐데 왜 처음부터 전체 메일로 보내지 않느냐는 것이었다. 나는 '그게 상사에 대한 예의이고, 데스크에서 모두에게 필요하다고 생각하면 전체에게 돌릴 테니까, 그저 그렇게 생각했을 뿐'이라고 답했다.

"내가 봤을 땐 네가 부끄러워서 그런 것 같아. 네 목소리를 더 내도 괜찮아."

그의 말에 잠시 멍해졌다.

'아, 이들 문화에서는 이렇게 보일 수도 있겠구나.'

사실 생각해보니 사내 기자들이 별로 중요하지 않은 일도 전체 메일로 돌리는 경우가 많았더랬다. 그런 메일은 성가시기도 하고 자신이 한 일을 과대 포장하는 것 같기도 해서 똑같이 하고 싶진 않았다. 그런 내 생각을 말하자 매트는 이렇게 말했다.

"사람들은 중요한 내용을 보내는지, 별로 관련 없는 내용을 보내는지 다 알아. 그리고 네가 쓰는 건 항상 중요한 내용이니 당당하게 전체에게 보내는 게 어때?"

그의 말은 일리가 있었다. 그 후 모두에게 알릴 만한 내용이 있었을 때 나는 매트의 말대로 전체 메일을 보냈다. 혹여 데스크나 동료에게서 불평이 오지는 않을까 잠깐 긴장하기도 했지만 그런 말 한마디 나오지 않은 걸 보면 역시 매트의 이야기가 맞았다는 생각이 들었다. 무엇보다 매트가 그런 조언을 해준 게 굉장히 고마웠다. 경쟁이 치열한 기자들 사이에서는 서로 조언을 잘 해주지 않는데 그가 나를 진심으로 생각해서 이야기해줬다는 것을 알 수 있었다.

때로는 '관종'이 될 필요도 있다

이 일에서 내가 느낀 건 두 가지다. 하나는 가끔은 일을 마치고 뒤풀이에 참석해야 그런 조언도 들을 수 있다는 것, 다른 하나는 어느 정도 나를 드러내는 능력이 필요하다는 것이다. 서구 사회에서는 자기 자신을 효과적으로 마케팅하는 것도 중요한 능력으로 꼽힌다. 그에 비해 우리 사회에서는 겸손이 미덕이다 보니 그런 것을 낯 뜨겁다고 생각하는 경향이 있는 것 같다. 자신을 드러내고 자기가 한 일을 홍보하는 사람을 보면 '관종'이라고 비아냥대거나 밉살스럽게 보기도 한다. 그렇다 보니 괜히 말했다가 잘난 척한다는 소리를 듣지 않을까, 튀는 사람으로 찍히지 않을까 걱정을 하는 것이다.

나도 인턴을 채용할 때 면접을 보며 그런 문화 차이를 많이 느낀다. 외국생활을 많이 한 친구들은 인사권자인 나를 평등하고 당당하게 대하며 자기 이력을 어필한다. 심지어 별것 아닌 이력을 과장해서 말하기도 한다.

반면 우리나라에서 공부한 친구들은 내 눈을 똑바로 쳐다보지도 못할 정도로 주눅 들어 보이는 경우가 많다. 좋은 이력이 많은데도, 자기 자랑을 해보라고 판을 깔아줘도 쭈뼛대는 경우가 많다.

우리 모두가 좀 더 자신을 믿고 드러냈으면 좋겠다. 무조건 과장하거나 거짓으로 자신을 어필하라는 것이 아니라 자신의 장점을 객관적으로 파악한 뒤에 장점은 적극적으로 보여주라는 것이다. 조직이든 사회든 서로 관심과 인정을 주고받으며 굴러가는 것이다.

이순신 장군은 "내 죽음을 적에게 알리지 마라"라고 했다는데, 나는 이렇게 말하고 싶다. 내가 한 일을 '적합한 사람들'에게 알려라. 여기서 적합한 사람들이란 내 일에 영향을 줄 수 있는 상사나 동료, 관계자들을 뜻한다.

내가 아무리 뛰어난 이력을 가졌어도, 아무리 대단한 일을 해냈어도 말하지 않으면 충분히 전달되지 않는다. 어떤 모임에서 내가 가고 싶은 회사의 인사결정권자를 만났다고 해보자. 그 사람과 인사를 하는 짧은 시간에 내가 얼마나 능력 있는지, 어떤 일을 하고 싶은지 스스로 어필해야 한다. 누군가가 나타나서 나를 대신 칭찬해주길 기다리거나 그 사람이 언젠가 내 능력을 알아보고 인정해줄 것을 기다리고 있으면 될까? 그 정도의 시간은 결코 주어지지 않는다.

'엘리베이터 스피치'라는 것이 있다. 이는 엘리베이터를 타고서 내릴 때까지 약 60초 내의 짧은 시간에 자신을 홍보하는 것을 뜻한다. 원래는 엘리베이터 안에서 투자자의 마음을 사로잡을 수 있어야 한다는 뜻으로, 할리우드 영화감독들 사이에서 나온 말이라고 한다.

취업을 준비하는 사람이라면 인사결정권자에게, 직장인이라면 상사에게 나를 각인되게 할 수 있는 1분 스피치를 생각해보자. 두 가지 경우가 아니더라도 자기 자신을 브리핑해보는 연습을 하면 언제 어떤 상황에서든 도움이 될 것이다. 상대방에게 전하고 싶은 메시지를 정하고, 그 메시지를 뒷받침할 정보를 결합해 인상적인 스피치를 만드는 것이다.

더 이상 평생직장에서 오랫동안 일하며 능력을 입증하는 시대가 아니다 보니 자신을 홍보하는 능력이 매우 중요한 '자기 PR(홍보)' 시대가 됐다. 그리고 앞으로는 더더욱 자기 셀링이 주효한 세상이 될 것이다.

눈빛이 가진 힘을 이용하라
Eyes speak more than mouth

우리 ABC 한국지부에서는 6개월에 한 번 인턴을 뽑는다. 면접을 볼 때 내가 가장 눈여겨보는 것은 지원자의 눈빛이다. 애매하고 주관적이라고 생각할지 모르지만 오랜 기자생활로 내가 터득한 방법이다. 사람을 만나면 3분 내에 그 사람이 어떤 사람인지 파악한다. 표정과 걸음걸이, 악수하는 스타일, 인사말 등 몇 가지만 보면 그 사람이 적극적인지 소극적인지, 공격적인지 방어적인지 정도는 알 수 있다.

그중에서 중요하게 보는 것이 눈빛이다. 인터뷰하는 사람의 말에 의존해야 할 경우 그 사람이 진실하게 말하는지 아닌지가 굉장히 중요하다. 그럴 때는 눈빛으로 진심을 판단해야 한다. 눈이 작든 크든 눈빛은 많은 것을 말해준다. 인턴 면접을 볼 때 지원자들은 아직 어리고 사회 경험이 없기 때문에 부족한 점이 많다. 매너가 세련되지 못했다거나 복장이 부적절하다거나 말이 어눌할 수도 있다. 하지만 그런 것은 크게 문제되지 않는다. 인턴으로 뽑아서 가르치면 되기 때문이다.

하지만 눈빛은 가르친다고 쉽게 바꿀 수 있는 게 아니다. 눈빛은 그 사람의 마음을 보여주기 때문이다. '눈은 마음의 거울'이라는 말은 틀린 말이 아니다. 또 눈빛은 영혼을 보여주는 것이라고도 한다. 홍채를 보고 병을 진단하거나 홍채 인식으로 잠금장치를 푸는 걸 보면 실제로 눈은 그 사람에 대해 많은 걸 말해준다. 사람의 진심과 열정은 눈빛을 통해 고스란히 전해진다. 눈빛을 보면 이 사람이 나에게 경계심을 가지고 있는지, 호감을 가지고 있는지 알 수 있다. 또 이 일을 정말 하고 싶어서 왔는지 아니면 그저 호기심에 왔는지도 느낄 수 있다. 스펙도 좋고 이야기를 나눠보면 지적 수준도 뛰어난데 눈빛이 흐리멍덩하고 무미건조해 보이면 다시 생각하게 된다.

눈빛에 마음을 담는 법

눈빛의 중요성을 알게 된 것은 ABN에서 카메라 테스트를 받고 처음으로 뉴스 읽는 훈련을 받았을 때다. 메인 앵커 겸 보도국장이었던 리네트 리트고우가 나를 트레이닝시켰는데 몇 가지 뉴스를 카메라 앞에서 읽고 다시 모니터링을 했다.

그런데 리네트가 화면에 나온 내 얼굴을 종이로 전부 가리고 눈만 보이게 해놓은 상태에서 볼륨을 높였다. 그러고는 소식을 전하는 내 눈빛이 슬픈 소식을 전하는 눈빛인지, 흥미로운 사실을 전하는 눈빛인지, 아니면 그저 사실을 전달하는 눈빛인지 관찰하면서 목소리를 들어보라고 했다.

사건, 사고를 비롯해 여러 뉴스를 읽는 내 눈빛은 다 똑같아 보였다. 뉴스를 읽으랴, 카메라에 비친 내 얼굴에 신경 쓰랴, 또 조정실에서 이어폰으로 어떤 지시를 내리는지 신경 쓰랴, 정신이 하나도 없는데 눈빛까지 신경 쓰라니 어리둥절했다. 그렇지만 그 후에 다른 앵커나 기자들이 보도하는 것을 보면서 뉴스를 전달하는 힘은 눈빛에서 나온다는 걸 깨닫게 되었다. 훌륭한 앵커나 기자는 소리를 끄고 화면만 봐도 즐거운 뉴스인지, 슬픈 뉴스인지 알 수 있었다.

리네트는 나에게 비법 하나를 가르쳐주었다. '시각화(visualization)'라는 것으로 뉴스 내용을 머릿속에서 영상화해서 내가 말하고 있는 것을 느끼는 것이다. 그래서 나는 뉴스 원고가 나오면 미리 읽고 제목 위에 '슬픔', '기쁨', '염려', '기대' 등 감정의 종류를 메모해두었다. 그리고 뉴스를 전달하기 직전에 원고 내용을 영상처럼 떠올린 뒤 시각화하면서 말을 한다. 이처럼 몇 달 동안 내가 보도한 것을 녹화해서 평가받는 훈련이 이어졌다. 집에서 마스크를 쓰고 눈만 보이게 한 채 거울을 보며 연습하기도 했다.

나처럼 카메라 앞에 서는 직업이 아니더라도 발표를 하거나 회의에서 내 의견을 말할 때, 고객을 대할 때 혹은 단순히 거래처를 만나 인사를 나눌 때도 눈빛은 중요하다. 취업을 준비하고 있는 사람이라면 더욱 그렇다. 예를 들어 고객이나 거래처에 사과를 하는데 상대방이 진심이라고 느끼지 않으면 내 눈빛이 진심을 잘 전달하고 있는지 의심해봐야 한다.

평소 타고난 표정 때문에 오해를 자주 받거나 사람들이 내 진심을 몰라줘서 고민이라면 내가 확실히 효과를 봤던 시각화 훈련을 해보는 게 어떨까. 집에서 거울을 보고 여러 가지 눈빛을 연습해보는 것이다. 연기를 하라는 것이 아니라 마음을 눈빛으로 진솔하게 표현하라는 것이다. 나 스스로 내 눈빛을 판단하기 힘들다면 솔직하게 말해줄 수 있는 친한 사람들에게 물어보는 것도 좋다.

자신의 감정과 진심을 눈빛으로 잘 표현할 수 있다면 무엇보다 좋은 소통의 도구를 얻는 셈이다.

미래는 준비하는 사람의 것이다
The future belongs to those who prepare for it

인터넷과 휴대폰이 없던 아날로그 시대를 살았는데 그 시절이 마치 꿈처럼 느껴질 정도로 세상이 변하는 속도가 빠르다. 지금 생각하면 인터넷이나 휴대폰 없이 어떻게 살았나 싶을 정도로 세상은 달라졌다. 그런데 우리는 또 한 번 새로운 변혁의 시대를 눈앞에 두고 있다.

4차 산업혁명은 우리의 모든 생활을 뒤바꿔놓을 것이다. 당장 먹고살기 급급해서 그런 것에 신경 쓸 여유가 없다고 말할 지도 모르겠다. 하지만 큰 시류의 변화는 결국 내가 먹고사는 일과 일상에까지 영향을 주게 되어 있다. 우리가 기존에 가지고 있는 직장과 집의 개념이 전혀 달라질 가능성도 있다. 이미 시간과 장소에 구애받지 않고 일하는 '디지털 노마드'라는 개념이 생겼고, 공유 오피스에서 일하기도 하며, 에어비앤비를 이용해 다른 나라에서 한 달씩 사는 사람들도 있다. 기존의 일터와 주거의 형태는 영원한 것이 아니다.

비가 오면 모래알 하나까지 다 젖듯 변혁의 비는 우리 생활의 아주 작은 부분에까지 스며들 것이다. 그러므로 세상이 어떻게 변하는지 항상 촉을 세우고, 그 세상과 나를 연결 지어 생각해야 한다.

내가 끊임없이 공부하는 이유

새로운 시대에 대해 두려움과 기대, 설렘과 불안의 시각이 모두 존재하는 것 같다. 오는 물결을 막을 수 없으니 대비하는 것이 한 개인으로서 할 수 있는 최선일 것이다. 처음 4차 산업혁명에 대한 이야기가 들려왔을 때 나도 잘 몰라서 공부를 시작했다. 평소에는 관련 뉴스를 찾아보고, 시간이 나거나 휴가 때는 관련된 책을 잔뜩 읽기도 했다. 4차 산업혁명이란 대체 뭔지, 그래서 어떤 기술이 나오고 어떻게 변화할 것인지, 그 기술로 인해 사람들의 생활이 어떻게 변화하고 한국에 사는 나는 그 기술을 언제 접할 것이며, 그 기술로 인해 내 생활 패턴이 어떻게 변할지, 이 모든 것이 나는 궁금하다. 그래서 많이 공부하고 많이 생각한다.

사실 과학기술이나 IT 같은 분야는 나에게는 참 어렵고 이해하기 힘들 때가 많다. 솔직히 말하면 끝까지 읽은 책도 많지 않다. 처음에는 집중해서 읽다가도 금세 꾸벅꾸벅 졸기 일쑤다. 그렇지만 최소한 시대의 흐름을 알고 따라가려는 노력을 하는 것은 중요하다. 주요 화두나 개념, 키워드만 머릿속에 남아도 그걸 밑천 삼아 더 많은 지식을 쌓을 수 있다.

특히 이번 신종 코로나 바이러스 감염증(코로나19) 사태를 겪으면서 바로 이런 준비와 대비가 얼마나 중요한지 다시 한번 절실하게 느끼게 되었다. 개인적으로는 바이러스의 역사, 원인, 영향과 특성에 좀 더 공부했더라면 취재가 훨씬 용이했을 텐데라는 반성을 했다. 국가적으로는 불행 중 다행히도 메르스 사태 이후 질병관리본부 및 보건 당국 관계자분들이 철저한 성찰과 대비를 했기에 코로나 19 위기를 효율적으로 대응하며 극복해 나갈 수 있는 게 아닌가 싶다.

인류의 생활 환경 및 발전의 속도가 상상 이상으로 빨라진

가운데, 시대에 뒤처진다는 건 언제나 두려운 일이다. 요즘은 100세 시대라고 하니 나는 70세까지는 일을 해야 하고, 하고 싶다는 생각을 가지고 있다. 그러면 앞으로 20년은 더 일을 해야 하고, 뒤처지지 않으려면 공부해야 한다. 100세 시대를 말하면 다들 노후자금을 걱정하지만, 현실을 따라가는 공부도 그 못지않게 중요한 내 미래를 위한 투자다.

다행히 아직은 새로운 것을 배우는 게 즐겁다. 언젠가는 뭔가를 새로 익히는 게 귀찮고 안주하고 싶은 때가 올지도 모르겠다. 하지만 그런 날이 오기 전까지는 끊임없이 노력하고 또 노력하고 싶다. 사람은 결국 혼자다. 가족이 있고 배우자나 자식이 있어도 결국 자기 자신을 끝까지 책임지는 건 나 자신밖에 없다고 생각하기에 언제까지고 스스로의 몫을 해내는 개인으로 서 있고 싶다. 그러기 위해서 아주 기본적인 노력을 하고 있다.

이제 내가 배운 것을 써먹을 수 있는 시대는 지났으니 다시 새롭게 배우지 않으면 안 된다. 현재에 충실하되 인생을 장기적인 시각에서 보며 또 다른 방향을 준비하지 않으면 안 된다. 소용돌이처럼 돌아가는 세상에서 가만히 있는 건 가라앉는 배에 올라탄 것과 같기 때문이다.

Chapter 5.

일과 삶의 밸런스를 지켜라

'일과 생활의 균형'이란, 두 마리 토끼를 다 잡는다는 것이 아니라
현실적인 선을 정해놓고 절충한다는 의미다. 내가 직장과 사회에서
'어느 위치까지 올라가겠다'는 것을 목표로 두는 것이 아닌,
'어떤 모습으로, 어떻게 올라갈 것인가'가 주된 목표가 되어야 한다.

얼마 전 나는 아름다운 반백 살을 맞이했다.

한국 사회와 세계의 변화 속에서 직업인으로서,

여성으로서 부딪히며 얻은 것들을 저마다의 길을

열심히 걸어가는 수많은 독자들과 나누고 싶다.

사람마다 자기에게 맞는 휴식방법,
스트레스를 푸는 자신만의 방법을 찾았으면 한다.
나는 건강을 위해 요가와 필라테스,
그리고 골프를 즐긴다. 요리나 그림 그리기 등
다양한 취미에 도전해보기도 한다.

나이는 받아들이되,
사회와 문화가 씌운 껍데기는 거부하자.
나 자신을 찾아 훌훌 날기 딱 좋은 시기다.

어떻게 삶의 균형을 유지할 수 있을까
How to improve your work-life balance

외신기자의 일이란 정해진 일과 없이 24시간 '촉'을 세우고 있어야 한다. 뉴스거리가 있을 때는 하루 종일 뛰어다니고, 시차가 다르니 밤늦게 미국 본사와 연락해야 한다. 그러다 보니 일과 생활의 균형을 맞추기가 쉽지 않고, 실제로 나도 그러지 못했다. 40대 중반까지 생활에 비해 일 쪽으로 많이 기울어 있었던 게 사실이다. 그러나 그 시절을 후회하지는 않는다. 체력이 받쳐주는 젊을 때는 한 번쯤 일에 푹 빠져 살아보는 것도 의미 있다고 본다. 그 시간이 쌓여 지금의 나를 만든 것이기도 하고, 무엇보다 내가 좋아해서 하는 일이니 그렇게 힘든 줄도 몰랐다.

그런데 이제는 에너지가 많이 부족해졌다. 어느덧 에너지를 쓰는 데도 선택과 집중을 해야 할 나이가 된 것이다. 무엇보다 몸에서 신호가 오기 시작했다. 외신기자로 일하며 미국과의 시차 때문에 밤낮이 뒤바뀌기 일쑤고, 시급을 다투는 취재를 하다 보면 끼니를 제때 챙기기도 만만치 않다. 그야말로 뒤죽박죽인 생활을 하다 보니 가장 먼저 망가지는 건 장이었다. 항상 배가 차갑고 설사가 잦아지니 체중도 급격히 빠졌다. 이대로는 안 되겠다는 생각이 들었다.

예전에는 잠을 자도 24시간 신경이 곤두서 있었다. 언제든 전화가 오면 휴대폰 진동 소리에도 벌떡 일어났다. 그러던 내가 요즘에는 전화 소리도 못 듣고 잘 때가 있다. 나도 그런 나 자신에게 깜짝 놀란다. 하지만 에너지를 효율적으로 사용하고 체력을 현명하게 분배해야 할 때가 되었다는 것을 인정할 수밖에 없다.

무엇보다 크게 변한 것은 이제 회사에 'No'라고 말할 수 있게 되었다는 점이다. 예전에는 언제 어디서든 '지금 당장 어디로 가라'고 하면 군말 없이 뛰어갔다. 열이 펄펄 나도 앞뒤 돌아보지 않고 갔다. 하지만 이제는 컨디션이 안 좋으면 '이번 주말에는 못 가겠지만 월요일엔 갈 수 있어'라고 말할 수 있게 되었다. 이건 오만은 아니다. 이제 소위 '짬밥'이 있으니까 누리겠다는 마음도 아니다. 내가 내 몸 상태를 살피고 조절하게 된 것이다. 해외를 오가고 미국 본사와 연락하느라 시차가 오락가락하는 것은 어쩔 수 없는 일이다. 하지만 잠을 좀 덜 자더라도 최대한 규칙적인 생활을 하려고 노력한다.

생활의 밸런스를 위한 나만의 방법을 찾아라

어떻게 하면 스트레스를 풀고 제대로 휴식을 취할 수 있을까? 이는 사람에 따라 다를 텐데, 오랜 고민과 시행착오를 거쳐 나만의 방법을 터득하게 되었다. 우선 평소에 생각을 많이 하고 머리를 많이 써야 하는 직업 특성 때문인지 뒷목이 뻐근하고 뭉칠 때가 많은데, 그걸 풀어주는 마사지를 받으면 적어도 한 시간은 푹 잘 수 있다. 그때의 '꿀잠'이 나에게는 그 어떤 보약 이상의 값어치를 한다. 20년째 다니는 마사지숍이 있는데 그곳 원장님은 내 몸을 워낙 잘 파악하고 있어서 이제는 인사하는 순간부터 어디가 어떻게 뭉쳐 있는지, 속이 불편한지 등을 기가 막히게 알아맞힌다. 큰 뉴스 취재로 수면 부족 상태이거나 오지에 다녀온 후에는 반드시 찾아가는 이곳이 없었다면 체력이 달려서 기자생활을 일찌감치 포기해야만 했을지도 모른다는 생각을 자주 하게 된다.

또 혈액 순환을 위해 요가와 필라테스를 틈틈이 하는데, 주로 개인 레슨을 받는다. 생활 패턴 자체가 워낙 규칙적이지도 않고 외국 취재를 자주 가다 보니 정기반을 등록할 수 없기 때문이다. 필라테스는 코어 근육을 만들어주기 때문에 카메라 앞에 서서 방송할 때 자세가 좋아지는 것을 느낀다. 생방송을 하다 보면 대기시간도 꽤 있고, 중대한 뉴스 같은 경우에는 매 시간 리포팅을 서서 해야 하기 때문에 은근히 허리와 다리 힘이 튼튼해야 하는데 필라테스의 덕을 톡톡히 보고 있다. 단, 한 가지 단점은 레슨 시간이 힘들고 지루하다는 것.

반면 요가는 주로 내뱉는 호흡인지라 명상하며 온몸의 긴장을 푸는 데 효과 만점이고, 요가 음악을 틀어놓고 집중하다 보면 90분이 후딱 지나간다. 요가는 꽤 오랫동안 단련했는데 방송할 때 목소리도 훨씬 안정적으로 자리 잡게 되었고, 무엇보다 수업을 마치고 나면 날아갈 듯 몸이 가벼워짐을 자주 체감한다. 최근에는 근육량이 많이 줄어든 듯하여 웨이트 트레이닝도 하고 있다.

또한 그 어떤 것보다 내 인생의 최고 즐거운 시간은 골프를

칠 때다. 미국에서 유학생활을 할 때부터 즐겨 하는 운동인데 주로 에너지가 남아 있고 엔도르핀이 필요할 때, 그리고 휴가 때는 반드시 골프장을 찾는다. 사내에서도 나는 유명한 골프광으로 알려져 있는데, 휴가만 떠났다 하면 북한이 미사일을 실험발사 하거나 핵실험을 하는 바람에 데스크에서 복귀하라는 연락이 온다. 그래서 예전 상사가 내게 지어준 별명이 '골프 휴가 징크스'다. 몇 년 전에도 베트남으로 골프여행을 갔는데 말레이시아 국적 비행기가 비행 중 갑자기 사라지는 사고가 발생하여 결국 골프 장비를 다 들고 바로 현장으로 날아갔다. 휴가 중에 현장에 도착한 거라 방송에 적합한 의상과 화장품을 급하게 구매한 기억이 있다.

사실 아시아 지역을 담당하다 보니 외국을 자주 다니는데, 주로 재난재해 지역으로 파견되는 경우가 다반사라 휴가만큼은 나의 육체와 정신을 즐겁게 해줄 수 있는 편안하고 아름다운 경치가 있는 곳을 찾는 편이다. 여러 곳을 짧은 기간에 최대한 돌아다니며 관광하기보다는 편안한 숙소 한군데에 오래 머물며 지내는 스타일을 선호하고, 한 번 가더라도 몸과 마음을 푹 쉴 수 있는 휴가를 즐기는 편이다.

최근에는 새로운 취미에 도전해보고 싶어 그림과 요리 수업을 들어보기도 했다. 그런데 아무래도 내 취향은 활동성 있는 운동이나 온종일 넷플릭스에 올라온 최신 인기 드라마를 시청하는 것을 병행하는 편이 더 즐겁다는 것을 재확인한 값진 경험이었다.

일과 생활, 둘 다 잡기보다는 절충하라

사람마다 자기에게 맞는 휴식방법을 찾는 게 중요하다. 어떤 사람은 격렬한 운동으로 풀기도 하고, 또 어떤 사람은 쇼핑으로 풀기도 한다. 근무 시간을 개인이 당장 바꾸기는 어렵고 해야 할 집안일을 미루기도 힘들다. 하지만 자신이 가장 효과적으로 피로를 풀 수 있는 방법을 찾는 것은 누구나 할 수 있는 일이다. 그러니 스트레스를 푸는 나만의 방법을 찾았으면 한다. 이왕이면 건강에 도움이 되는 일이 좋겠다.

내 주변만 해도 사회적으로 성공했지만 건강을 잃은 사람이 많다. 성공하겠다는 일념으로 생활은 물론 건강도 등한시하면서 성공은 이루었을지언정 결국 누구나 은퇴를 한다. 어떤 지인이 말하기를, 평생 그 누구보다 열심히 앞만 보고 달렸고 최고의 자리까지 올랐는데 은퇴를 하고 나니 남는 것은 망가진 몸과 '내가 저기까지 올라갔었지' 하는 추억뿐이더란다. 건강이 중요하다는 건 누구나 아는 사실이지만 어째서인지 자신만은 평생 건강할 것처럼 믿고 살아가는 사람이 대다수다. 일을 덜 해서 조금 덜 출세한다 하더라도 건강을 잃는 것에 비하면 목표치를 낮추는 것은 분명 감수할 수 있고, 필히 감수해야 하는 희생이다. 그게 바로 일과 생활의 균형인 것이다.

일과 생활의 균형은 두 마리 토끼를 다 잡는다는 의미가 아니라 현실적인 선을 정해놓고 절충한다는 의미로 받아들여야 한다. 그러려면 내가 직장과 사회에서 '어느 위치까지 올라가겠다'는 것을 목표로 두는 것보다는 '어떤 모습으로, 어떻게 올라갈 것인가'가 주된 목표가 되어야 한다. 나의 어떤 모습이 나를 행복하게 해주는가? 내 어떤 모습을 남편이나 아이들이 자랑스럽게 생각하는가? 그런 나를 지향하면서 절충하며 나아가는 그 과정이 바로 내가 생각하는 일과 생활의 균형이다.

나를 늘 설레게 하는 열정
Passion makes me happy

가끔 '기자가 되지 않았다면 무슨 일을 하고 있었을 것 같으냐'는 질문을 받는다. 그런데 아무리 생각해도 잘 떠오르지 않는다. 아주 어릴 때는 대통령이 되고 싶기도 했고, 언론인이 되기로 한 다음에는 막연히 앵커를 꿈꾼 적도 있다. 그런데 막상 언론사에 들어가보니 앵커보다는 현장에서 뛰는 기자의 역할이 나를 더 가슴 뛰게 했고, 여전히 그 설렘은 나를 자극한다.

대학 때부터 나는 이미 외신기자의 역할을 제법 하고 있었다. 당시 한국에서는 민주화 운동이 한창이었는데 그에 관한 뉴스가 나오면 미국 친구들은 무슨 일이냐고 내게 자주 물었고, 그때마다 차근차근 설명해주곤 했다. 대학 때 2년에 걸쳐 방학 기간 동안 CNN에서 통역 인턴을 하며 주로 한국의 시위 현장을 직접 함께 취재하기도 했기에 외국에 한국의 일을 알리는 노하우가 점점 늘었다.

석사과정을 마친 후 25년간 기자로 일하며 한 번도 회의감을 느끼거나 후회한 적은 없다. 그만큼 기자라는 직업이 내 성격에 흡족할 만큼 적합하고 천직이라 여겨지며, 주어진 기회와 능력에 넘치도록 감사하다. 기자를 꿈꾸는 학생들은 내게 기자로서의 자질이 무엇인지에 대해 자주 질문하는데, 기자의 자질이란 타고나지 않더라도 노력으로 충분히 만들 수 있다. 나 또한 기자로 살아가는 데 타고난 성격이 도움이 되었지만 부단히 노력한 덕분이기도 하다. 그렇다면 기자는 어떤 자질을 갈고닦아야 할까?

한 발짝 떨어져서 넓게 보라

우선 기자는 짧은 시간에 이슈를 빨리 파악해야 한다. 그러려면 얕더라도 넓은 지식을 많이 가지고 있어야 한다. 다방면에 지식이 많아야 어떤 현장에 투입되더라도 재빨리 이슈를 파악해서 취재할 수 있다.

2008년 미얀마에 사이클론 피해가 일어났을 때 미얀마 현장에 긴급 투입되었다. 비행하는 시간밖에는 취재를 준비할 시간이 없었다. 다행히 평소 뉴스를 통해 미얀마에서 일어나는 문제들을 익히 알고 있었고, 30년 전에 대학에서 동남아시아 역사를 조금이나마 공부한 것이 도움이 되었다. 그렇지만 그것만으로는 부족했다. 미얀마로 향하는 비행기 안에서 벼락치기에 들어갔다. 미얀마라는 국가의 기본 정보는 물론 역사와 이슈들을 모조리 습득하는 것이다.

이렇게 할 수 있으려면 평소에 책은 물론이고 여러 미디어를 보며 도움이 될 만한 지식이나 정보를 습득해야 한다. 기자에게는 하루 24시간, 온 세상이 공부인 것이다. 그래서 기자는 호기심이 많아야 한다. 나는 모든 것에 호기심이 많은 편이라 닥치는 대로 읽고 배운다. 당장은 필요하지 않을 것 같아도 지금 내가 습득한 정보가 5년 후, 10년 후, 언제 유용하게 쓰일지 모르는 일이다.

기자는 언제 어디서나 이방인이어야 한다. 객관적으로 사안을 바라보고 보도해야 하기 때문에 어디에도 스스로를 속하게 하지 않도록 해야 하며 그 사건에 동화되지 않도록 한 발짝 떨어져서 관찰하는 트레이닝이 되어 있어야 한다. 사건들을 취재하다 보면 끔찍한 광경을 목격하는 일도 있고 그 충격의 여운이 오래 남거나 트라우마로 남을 수도 있다. 그러므로 평범한 사람이 일생 몇 번 겪을까 말까 한 사건, 사고들을 근접한 거리에서 직업적으로 항시 접하는 기자들은 현장에서 접했던 고통과 고난 혹은 슬픔의 감정을 마음속에 오래 담아두면 개인적으로는 원치 않은 결과를 초래하기 마련이다.

다행히 나는 나쁜 기억도, 좋았던 기억도 특별히 오래 담아두지 않는 성격이다. 지나간 시간에 대한 반추나 후퇴보다는 앞으로 무엇을 어떻게 더 잘해낼 수 있을까에 더 시간과 노력을 투자하는 편이다. 또 직업의 특수성인지는 모르겠으나 지나간 스토리를 빨리 털어내어야 그다음 새로운 스토리텔링에 집중할 수 있기에 주변 지인들이 의아해할 정도로 지나간 감정에 대한 정리가 상당히 빠른 편이다.

이런 맥락에서 보면 기자는 한 가지 일이나 사안에 오랜 기간 몰두하지 않아도 되는 직업이라고 할 수 있겠다. 뉴스의 생리상 그 당시에 대중이 궁금해하거나 알아두어야 할 소재들을 중심으로 스토리텔링이 끝나면 관심은 곧 다른 사안으로 넘어가기 때문에 '오래된 뉴스는 뉴스가 아니다'라는 말처럼 바로 정리하고 새로운 뉴스를 맞이해야 한다.

태도는 연습으로 만들 수 있다

마지막으로 기자는 취재원을 관찰해서 꿰뚫어보고 그의 말이 진심인지 아닌지 파악하는 능력이 필요하다. 외신기자로서는 어느 나라에 가든 이방인의 견지를 유지하되 자연스럽게 섞이는 기술도 발휘해야 하므로 기자에게 의사소통 능력은 무척 중요한 필수요소인데, 이전 책에서도 소개한 바 있다. 단순한 메신저가 아닌, '파워커넥터'의 역할을 해낼 수 있어야 한다. 메신저가 단순히 말을 전달하는 사람이라면 누군가와 이야기를 주고받을 때 서로 '통하게' 만들 줄 아는 커뮤니케이터가 바로 파워커넥터다.

파워커넥터가 되기 위해서는 일단 나를 어떠한 사람으로 상대방에게 인식시켜야 할지에 대한 명확하고 확고한 주관이 세워져 있어야 하고, 그러려면 본인의 매너리즘(mannerism), 즉 첫 만남에서의 태도와 행동이 큰 영향을 미친다. 좋은 첫인상을 주어야 그 후의 소통도 원활해지기 때문이다. 전작에서 소개한 몇 가지 실천 노하우를 여기서도 나누고자 한다.

1. 당당하게 악수를 청하고 손을 힘주어 잡아라

우리나라에서는 여성과 악수를 하는 것을 어색해하거나 망설이는 경우가 있다. 상대방이 쭈뼛거린다면 먼저 당당하게 악수를 청하자. 악수를 할 때는 손에 적절한 힘을 주어야 한다. 힘이 하나도 없으면 자신감이 없어 보이거나 성의가 없어 보일 수 있고, 반대로 힘을 너무 꽉 주어도 적대감을 가진 것처럼 보일 수 있다.

2. 상대방에게서 눈을 떼지 말라

처음 사람을 만날 때 그 사람과 눈이 마주친 순간부터 눈을 떼지 말자. 저 멀리서부터 그 사람이 다가오고 있다면 그때부터 눈을 떼지 말고 당당하게 다가가야 한다. 처음 눈빛을 교환하는 순간은 상대방의 인상을 좌우하는 중요한 순간이다. 대화를 할 때도 시선을 다른 데 두거나 주위를 두리번거리지 말고 그 사람의 눈을 보며 집중하고 있다는 인상을 주어야 한다. 다만 본인의 눈이 남들이 겁내는 '타고난 노려보는 눈'이 아닌지는 거울을 보고 점검해보자.

3. 서 있을 때는 적당한 거리를 유지하라

'퍼스널 스페이스'라는 것이 있다. 사람들은 무의식적으로 다른 사람과 적당한 거리를 유지하고 싶어 하며 별로 친하지 않은 사람이라면 더더욱 그렇다. 나는 보통 80~90cm 정도 떨어져서 악수를 하고, 상대방이 키가 크면 더 멀리 선다. 가까이

서서 상대방이 나를 한참 내려다봐야 한다면 나에 대한 우위를 느낄 수 있기 때문이다. 반대로 상대방이 나를 경계하고 있다고 느끼면 벽을 허물기 위해 더 가까이 서기도 한다.

4. 바르게 서서 확실하게 인사하라

서 있을 때는 허리를 꼿꼿하게 세우고 가슴과 어깨를 편다. 개인적으로 나는 허리를 너무 굽히는 것도 싫고 나에게 굽히는 사람도 경계하는 편이다. 마찬가지로 목을 앞으로 빼면서 턱만 잠깐 내렸다 올리는 인사도 좋아하지 않는다. 성의 있어 보이지 않으며, 첫 만남에서 상대방에 대한 예의도 아니라고 본다. 인사를 할 때는 확실하게 상대와의 관계에 따라 미리 결정을 해두고 그에 걸맞은 각도만큼 제대로 허리와 목을 굽히며 충분히 큰 목소리로 또박또박 인사하는 것이 바람직하다. 나의 경우 공적인 자리에서는 "안녕하십니까, 조주희입니다"로, 조금 편한 자리에서는 "안녕하세요, 조주희입니다"로 인사한다. 인사를 한 다음에는 반드시 다시 한 번 눈을 맞춰주는 것이 좋다.

간혹 기자가 되고 싶다고 조언을 구해오는 친구들이 있다. 요즘처럼 저널리즘 원칙이 무너져가고 있는 시대에, 외신으로 가든 내신으로 가든 기자의 길을 선택한 후배들은 '과연 저널리스트는 자유민주주의 사회에서 어떤 역할을, 어떤 의식을 갖고 해내야 하는지' 먼저 공부해보고 심사숙고한 후에 이 길을 갔으면 하는 간절한 바람이 있다.

인턴 면접 때 꼭 물어보는 질문 중 하나가 '왜 기자가 되고 싶냐'는 질문이다. 거의 대부분이 "저는 기자가 되어 세상을 바꾸고 싶어요"라는 맥락의 답을 한다. 완벽한 오답이다. 그것은 정치인과 사회활동가의 영역이다. 기자는 유명해지거나 멋있어 보이기 위해 혹은 남들이 알아주니까 할 직업도 아니고, 대안을 제시하는 존재가 되어서도 안 된다. 기자는 대안 제시를 할 만한 자질을 갖춘 전문가를 찾아가 그들의 생각을 전달하는 메신저일 뿐이다. 그러므로 멋있어 보여서, 남들이 알아줘서가 아니라 나 스스로가 기자의 자질과 시선을 가지고 있는지를 확인해봐야 한다.

기자는 그 어느 누구보다 편견 없이 객관적이고 합리적인 시선을 갖춰야 하며 뉴스를 다룰 때 '나'의 사견과 존재감을 전적으로 배제해야 한다. 내 생각이 중요한 것이 아니라 대중 혹은 전문가들이 어떻게 생각하는지를 전달하는 매개체일 뿐, 나의 견해를 대중에게 알리거나 선동하여 따라오도록 하는 존재가 아님을 분명히 인지하고 있어야 한다.

죽음과 불운, 그 모든 삶의 리듬 속에서
Death and misfortune, all that rhythm of life

2016년 4월, 또다시 재난 소식이 들려왔다. 일본 구마모토현에 6.5 규모의 지진이 발생하여 바로 현장으로 날아갔다. 바로 28시간 후, 7.3 규모의 지진이 뒤를 이었다. 2011년 도호쿠 지방 대지진 이후로 처음으로 일본 기상청 진도 7을 기록한 매우 큰 천재지변이었다.

미국 ABC 뉴스의 〈굿모닝 아메리카〉 방송 프로그램에 나갈 기사를 위해 주민 대피소인 초등학교 체육관에 들어서니 불안, 슬픔, 기대가 교차하는 공기에 바로 휩싸였다. 바로 그 2년 전 세월호 침몰사고 취재 때 느꼈던 참담함이 교차하면서 마음이 턱 내려앉았다. 현장에서는 끊어진 다리, 무너진 집들이 끝도 없이 보였다. 잦은 여진이 지속되면서 이동하는 차 안에서조차 도로가 흔들리고 '혹시 이 순간 강도 센 지진이 오면?' 하는 불안감이 찾아들었다.

그런 생각이 든 게 나뿐만은 아니었을 것이다. 아무리 강심장이라 하여도 어느 누구나 그런 현장에 가면 두렵다. 그러나 우리 팀원들 중 단 한 명도 불안감이나 두려움을 내색하지 않았다. 이동을 하는 사이사이나 잠시 집중력을 내려놓을 짬이 생기면 오히려 가벼운 농담으로 서로를 위로하며 긴장을 풀고 또 풀어주려고 노력했다. 일종의 전우애랄까, 서로 속마음을 알면서도 한 사람의 멘탈이 무너지면 모두가 함께 엉망이 된다는 무언의 협동심이 발휘되던 순간이었다. 아무리 끔찍한 현장에서도 우리가 보인 모습은 그뿐이다.

세상사도 비슷하다는 생각이 든다. 위기에 봉착하거나 내가 흔들리는 상황이 벌어진 때일수록 감정은 되도록 표현하지 않는 게 낫다고 생각한다. 오로지 나의 목표, 그리고 나에게 중요한 것에 집중해야 한다. 또 그럴 수밖에 없다. 다행히 우리에겐 사랑하는 가족과 친구들이 있지 않은가. 그걸로 충분하다.

기자가 된 후로 수도 없이 많은 죽음을 목격해왔다. 그리고 가장 힘든 순간도 죽음, 바로 사망한 지 얼마 지나지 않은 인간의 시체를 목격할 때다. 2014년 세월호 사건은 나에게도 트라우마와 같은 경험이었다. 2018년 태국 동굴 소년 사건이 일어났을 때 현장에서 구출을 기다리던 순간에도 나는 다시 세월호를 떠올리지 않을 수 없었다. 통제 불가 언론들, 애타게 기다리는 부모와 가족, 우왕좌왕하는 지역 경찰과 군인들, 전국 각지에서 몰려든 자원봉사자들, 스쿠버다이빙 단체들….

그러나 기자는 감정에 휘말리면 안 되는 직업이다. 현장에 가서 끔찍하고 슬픈 장면을 봤을 때 거기에 감정이입을 하기 시작하면 주체할 수 없는 눈물이 흐르고 공포가 엄습해오기 마련이다. 그래서 감정이 흔들릴 때 나는 얼른 감정의 벽을 친다. 그리고 현장 상황 속에 휘말려 감정을 이입하기보단 이성에 의지하며 객관적으로 상황을 분석하기 시작한다. 내 눈앞에 지금 시체가 몇 구인지, 이들이 어떤 상태로 사망에 이르렀는지, 원인은 무엇이고 어떻게 구조가 진행되고 있는지 등 팩트만 취합하고 현장 상황의 의미를 해석하여 전하는 언론인의 역할에 충실하려고 한다. 말이 쉽지 어떻게 그것이 가능하냐고들 묻지만 이것은 오랜 시간 훈련한 결과다. 재난현장에 많이 투입되면서 현장 그 자체를 분석하는 연습을 하며 무엇이 중요한지 확고히 내 가슴속에 새겨두는 반복적인 훈련을 하며 익숙해진 것이다.

요즘은 대중과의 소통이 중요해진 세상이라 그런지 기자도 함께 울어주고 분노해줘야 사람들이 호응해주는 분위기가 생긴 것 같다. 그런 기자에게 열광하고 인기가 올라갈 수 있을지는 몰라도 나는 진정한 언론인은 사견이나 편견 없이 사실만을 전달해야 한다고 생각한다. 기자는 죽음을 알리는 사람이지 같이 울어버리는 사람은 아니다. 공감하며 피해자들과 같이 슬퍼하고 감정을 쏟아내고자 한다면 기자가 아닌 개인 혹은 자원봉사자로 현장에 가는 것이 옳다고 생각한다.

기자에게는 사실을 정확하게 시청자들에게 전달할 책임이 있는 것이고 보도 중에 내 감정을 표출해버리면 그것은 보는 사람에게 내 감정을 강요하는 결과를 초래하게 된다. 감정이 개입된 보도는 미디어가 대중을 이끌려는 것으로 비칠 수 있고, 심지어는 불의의 선동으로 이어질 수도 있다. 그런 스타일의 정보를 전하거나 접하고 싶은 이들은 유튜브라는 최적의 매체가 있으니 그쪽으로 옮기면 되는 것이다.

미디어가 범람하는 시대인 만큼 대중 또한 찾아보는 언론 미디어가 혹여 선동하려는 의도를 가진 건 아닌지 반드시 경계하여 현명한 선택을 할 필요가 있다.

슬픔도 내가 어떻게 반응하느냐에 달렸다

내가 처음으로 죽음을 아주 가까이서 목격한 것은 열아홉 살 때였다. 암 투병을 하던 어머니가 돌아가셨다. 장례식을 치르는 내내 나는 울지 않았다. 슬프지 않아서가 아니다. 돌아가실 걸 알고 있었는데도 막상 그 일이 닥치자 엄마의 죽음을 인정하고 싶지 않았다. 그리고 조문객들에게 내가 우는 모습을 보여주고 싶지 않았다. 모두가 나의 눈물을 예상하는 눈빛으로 바라보는 것 같아서 더더욱 이를 악물고 눈물을 참았다. 주변에서는 독한 딸이라고 했다. 그러나 어린 마음에도 내 감정을 전시하듯 보여주고 싶지 않았고 꿋꿋해 보이고 싶었다. '엄마가 일찍 돌아가셔서 불쌍한 애'로 바라보는 그 동정의 눈빛들이 참 싫었다.

슬프면 눈물을 흘리는 것이 인간이다. 그것은 본능이다. 그러나 자라면서 우리는 감정을 절제하는 법을 배워 나간다. 울음소리로 항의하는 아이에게 부모는 눈물을 그치게끔 훈육한다. 상황에 따라 화를 삼키는 연습을 하고, 학교나 직장 등 공적인 자리에서는 개인의 감정을 자제하는 법을 배운다. 때와 장소에 따라 감정 표현을 절제할 줄 아는 어른이자 사회인으로 성장하는 것이다.

어떤 자리에서는 당연히 울어야 한다는 사회적 통념이 있고,

그럴 때 울지 않는 사람을 '인정머리 없다'고 비난할지라도 울고 싶은 자리를 나 스스로 선택해서 울 수 있는 사람이 진정한 어른이라고 생각한다. 감정을 삼키는 연습을 오랜 기간 해온 성인으로서 상황에 맞게 선택하는 것이다. 하물며 기자는 더욱 감정 표현을 절제하는 능력이 필요하다.

앞으로도 내 삶에 어떤 굴곡이 기다리고 있을지 모른다. 하지만 어떤 골짜기를 만나든 담담하고 당당하게, 꾸준히 이성을 붙잡고 앞으로 나아가고 싶다. ABC 뉴스의 간판 앵커였던 밥 우드러프(Bob Woodruff)는 내가 존경하는 선배다. 그는 2006년 이라크에서 취재하던 중 폭탄테러로 중태에 빠졌었다. 왼쪽 두개골이 함몰되었지만 기적적으로 살아난 그는 1년여 동안의 재활 끝에 회사로 다시 복귀했다. 그의 부인이 쓴 편지가 공개되었는데 얼마나 아름답고 심오한지 읽다가 목이 메었다. 그중 이 대목이 특히 인상적이었다.

"우리 중 누구도 나쁜 일이 일어나는 것을 막을 수 없다. 그것은 단순히 인생의 리듬의 일부다. 하지만 열쇠는 우리가 어떻게 반응하는지에 있다. 더 괴로워지는 걸 택하거나, 더 나아지는 걸 택하거나. 그것은 하나의 선택이다."

나이가 든다는 것은, 성장한다는 것이다

Growing old with dignity

　얼마 전 나에게도 갱년기가 찾아왔다. 갑자기 열이 나고 감정
이 널뛰기도 했다. 누구에게나 그렇겠지만 여자로서 심히 속상
한 기간이었다. 하지만 다행히 나에겐 일이 있었다. 일단 바쁘
고 눈앞에 할 일이 쌓여 있으니 다른 것을 생각할 시간적 여유
가 별로 없었다. 갱년기라고 해서 회사와 일에 있어서 내 사적
감정을 드러낼 수는 없는 일 아닌가. 일부러 더 많은 일을 하고

몸이 힘들어도 스스로를 더 분주하게 만들었다.

통상 기사를 완성하려면 사안에 따라 리서치도 충분히 해야 하고, 취재 방향을 잡아 인터뷰와 촬영을 하다 보면 적게는 하루, 많게는 2주일 정도 시간이 소요된다. 동시에 여러 가지 기사를 추진하기도 하는데, 이 힘든 시기에는 일부러 취재거리의 수를 엄청 늘렸었다. 새로운 목표점을 여럿 세워두니까 사사로운 고민과 번민을 할 시간도 모자라고 갱년기 감성의 기복에 나를 굴복시킬 기회 자체가 없어지는 것을 깨닫게 되었기 때문이다. 주변을 둘러보면 이렇듯 바쁜 스케줄을 소화해야 하는, 대체로 일을 하는 여성들은 상대적으로 갱년기를 잘 넘기는 것 같다.

자녀 양육에 '올인'하여 정성껏 다 키워놓고 나면 갱년기 즈음에는 자기 존재의 의미를 잃고 서러워지는 시기가 올 수 있다고 하는데 주변을 살펴보면 아무래도 아이한테서 대리만족을 느끼려는 엄마일수록 더욱 그런 듯싶다. 하지만 가장 소중한 건 나 자신이라는 걸 잊지 말았으면 좋겠다. 내가 먼저 행복하고 건강하게 우뚝 서 있어야 아이들도 편히 와서 엄마에게 기댈 수 있다. 자식을 위한 희생이 미덕인 시대는 이제 서서히 지나가고 있고, 생사의 문제가 아닌 이상 자녀에게 필요 이상으로 의지해서도 아니 되며, 나의 존재감을 억지로 심어주려해서도 안 된다고 나는 굳게 믿고 있다. 결국 내가 휘청대면 가족도 불안정해지는 것이다.

고로 내가 행복하기 위해서는 어떤 선택을 할 때에 선택 기준의 중심에 바로 나 자신을 두어야 함이 옳다고 본다. 이제는 자녀들을 좀 덜 챙기고 집안일에 덜 신경 쓰고, 자기계발이나 일에 더 많은 시간을 할애했으면 한다. 남편과 애들한테 미안해서, 시부모님 눈치 보여서…, 그런 생각은 넣어두자. 우리 사회와 문화가 반강제적으로 씌워놓은 껍데기일 뿐이다. 나이가 들면 그저 그런 똑같은 아줌마, 할머니의 카테고리에 가두어버리는 통념에서 나를 해방시켜야 한다. 아줌마, 할머니란 지칭 속에는 개인의 특별함도 개성도 없다. 그렇게 되면 내 정체성도 그 껍데기 안에 갇혀버린다.

나이는 받아들이되, 사회와 문화가 씌운 껍데기는 거부하자. 아이들을 키워놓았으니 얼마나 가벼워졌는가. 나 자신을 찾아 훌훌 날기 딱 좋은 시기다. 미국 노화학자 마크 E. 윌리엄스 박사의 인터뷰를 읽은 적이 있는데, 그도 노인에게 일이 중요하다고 말한다.

"자기인식(self-definition), 자부심, 사회적 지위 등 일이 주는 만족은 대체할 수 없다."

물론 여자들이 재취업을 하는 게 현실적으로 쉽지는 않다. 이

때 우리는 직업이라는 것에 대한 관념조차도 사회와 문화가 규정해놓은 직업의 귀천에 갇혀 있는 것은 아닌지 생각해봐야 한다. 이 일을 하면 모양 떨어져 보이지 않을까? 가족, 친지들이나 친구들이 나를 어떻게 볼까. 이런 걱정과 의식은 스스로를 한계 속에 가두는 것밖에 안 된다.

윌리엄스 박사도 노후의 일은 중요하지만 은퇴 후에도 큰돈을 벌어야 한다는 강박은 위험하다고 경고한다. 대안 직업, 자원봉사, 지역 사회에 대한 기여, 가벼운 육체노동 등 다양한 활동을 포괄해야 한다는 것이다. 내 전공을 살려서 할 수 있는 아주 작은 일이라도 찾아본다거나, 돈이 되지 않더라도 작은 보람이나마 느낄 수 있는 활동을 해보는 거다. 그것이 자원봉사나 소일거리일지라도 뭔가를 한다는 게 중요하다.

사회와 주변에서 기대하는 나의 모습을 내려놓고, 직업에 대한 편견도 과감히 내려놓고 내가 살고 있는 동네, 사회, 국가에 뭔가 기여할 수 있는 걸 찾아 자기만족으로 승화시켰으면 한다. 자격지심과 자존심만 내려놓으면 남이 아니라 더 나은 나를 위해 할 수 있는 일은 무궁무진하다.

물질보다 새로운 경험이 주는 기쁨

내 나이가 좀처럼 적응이 되지 않을 때도 있었다. 하지만 '굳이 적응을 해야 할 필요가 있을까?'라는 생각이 든다. 나이를 너무 의식하고 '이 나이가 되었으니 뭘 어떻게 해야 한다'는 식의 틀에 갇히기보다는 내가 원하는 바를 정확히 알고 거침없이 도전해나가며 살고 싶다. 그래서 나는 항상 뭔가를 시작하고 그것에 푹 빠져 지낼 때가 많다.

몇 년 전에는 스키에 도전했다. 중고등학교 시절에는 부모님이 '여자가 다치면 어떻게 하나'고 못하게 했고, 그 뒤에는 공부하느라 일하느라 좀처럼 기회가 없었다. 스키를 잘 타는 사람들을 관찰해보니 어릴 때 배운 경험치가 가장 컸고, 레슨을 받은 것과 안 받은 것의 차이도 크다는 것을 알게 되었다. 그래서 평판이 좋은 인기 강사를 찾아가 본격적으로 배웠다. 스키를 타다가 다친 사람을 많이 봤기 때문에 두렵기도 했고, 이 나이에 어딜 다치기라도 하면 큰일 나는 거 아닌가 싶기도 했으나 용기를 내어 선생님의 지시에 따라 초집중하면서 열심히 배워보았다. 어느 정도 익히고 나서 스스로 만족할 만한 포즈와 기술로 슬로프를 내려왔을 때 그 짜릿함은 잊을 수가 없다. 사실 평창 동계올림픽 때는 루지와 스켈레톤 경기를 보고 아마추어용이 있다면 해보고 싶다는 생각도 했다.

8년 전부터는 오래전부터 해보고 싶었던 스포츠댄스에 도전해보기로 마음먹고 이 분야 최고 선생님인 박지우 씨를 소개받아 3년간 집중적으로 레슨을 받았더랬다. 골프 다음으로 아마도 내 인생에서 가장 행복하게 배우고 즐긴 시간이었던 것 같다. 특히 박 선생님은 어린 나이에 홀로 영국으로 유학길을 떠나 아시아인들이 좀처럼 기를 펴지 못하고 인종차별도 심한 분야에서 경쟁하여 살아남은, 나와 비슷한 경험을 하신 분이다. 레슨을 받으며 틈틈이 각자 겪었던 그 설움에 대해 많은 대화도 나눌 수 있었다. 선수로서 최고의 자리까지 오른 후 귀국한 그는 과거 우리나라 정서상 자칫 부정적으로 비쳐질 수 있는 스포츠댄스를 대하는 자세와 그에 따른 프로페셔널리즘을 강조하며 어린 후배들을 훈련시키는 것이 참 인상적이었다. 중고등학생 선수들과 같이 배우며 몸도 건강해지고 급기야 용기를 내어 많은 관중 앞에서 룸바 종목을 선보일 기회도 있었기에 나로서는 매우 의미 있는 도전이었다.

아직 살아갈 날이 많이 남았다. 나이가 든다는 것을 늙는다는 관점이 아니라 성장한다는 관점으로 바라보고 싶다. 다양한 경험을 바탕으로 지혜와 통찰력을 쌓아 더 성숙해진다고 생각하면 아직 갈 길이 먼 것처럼 느껴진다. 그러니 '이제 나는 더 이상 예쁘지도 않고 젊지도 않고 여자로서도 사회인으로서도 끝났어'라고 생각하면서 소중한 시간을 낭비하지 말자. 새로운 삶을 시작해야 할 시점이니 20대로 돌아간 것처럼 더 적극적으로 새 삶을 찾아봤으면 좋겠다. 내 존재의 의미를 찾는 일은 죽는 순간까지 끝나지 않는 것 같다.

나이가 들면 긍정적인 변화도 분명 찾아온다. 나의 경우에는 어릴 때에 비해 물질적 욕심을 많이 내려놓게 되었다. 전에는 갖고 싶은 것도 많았고 남에게 보이는 것에 신경을 썼다면 지금은 그런 욕심이 사라졌다. 미국 코넬대 심리학과 연구팀의 실험에 따르면 사람들은 물질재보다 경험재에 돈을 쓸 때 더 큰 행복감을 느낀다고 한다. 돈으로 물건을 사면 물질재, 경험을 사면 경험재가 되는 것인데, 예를 들면 명품백을 사는 것보다 좋아하는 공연을 봤을 때 더 행복감을 느낀다는 것이다.

나도 그렇다. 어떤 물건을 사는 것보다 내 몸과 마음의 즐거움과 안위를 위해 더 투자한다. 시간이 나면 틈틈이 클래식부터 뮤지컬, 케이팝 콘서트까지 다양한 공연을 즐긴다. 또한 내 안에 숨겨진 부드러움을 찾을 수 있지 않을까 해서 난생처음 그림도 배워보았는데 차분해지고 힐링이 되는 시간이었다.

내가 뭘 잘할 수 있지? 내가 뭘 할 때 즐겁지? 그런 궁리를 다시 하면서 나를 찾아가는 과정 자체를 즐기면 어떨까. 그렇게 해서 뭔가를 발견했을 때 그 성취감과 만족감, 행복감은 엄청나게 클 것이다. 게다가 이미 아이들을 길러냈다는 성취를 이뤄냈다면 자부심 또한 클 것이다. 인생의 2차전을 위해 새로운

일을 찾고 새 삶과 보람을 찾는다면 그것이야말로 위대한 일이
라고 생각한다. 그런 여성들이 정말 존경스럽다.

백발의 기자를 꿈꾸며

Dreaming of a lifelong journalist

며칠 전 반가운 전화를 받았다. 나의 직장 ABC 뉴스의 전설적 앵커우먼인 다이안 소이어(Diane Sawyer)의 전화였다. 비록 저녁 메인 뉴스 앵커 자리는 후배에게 물려주었지만 여전히 왕성하게 활동하고 있는 그녀는 75세다. 그녀는 내가 취재한 뉴스들을 관심 있게 다 보았다며 한국이 코로나 바이러스 팬데믹에 너무나도 의연하고 효과적으로, 멋지게 대처한 것 같다고 말했다. 그러면서 '미국이 어떤 교훈을 얻을 수 있을까' 하는 주제를 포함한 한 시간짜리 특집방송을 만들고 싶다는 것이었다. 차근차근 내 의견과 그동안의 취재 경험을 물으며 나도 이해하기 어려운 각종 항체실험 여부, 백신 연구과정의 진척까지 상세히 언급하는데 존경심이 절로 우러나왔다. 그 연세에 한국 같았으면 한때 잘나가던 은퇴한 할머니로 남았을 확률이 높은데 이렇듯 여전히 열정과 진실 추구에 대한 욕구가 넘치시니 사내 모두의 롤모델이 되었구나 하는 생각이 들었다.

미국의 베테랑 저널리스트이자 우리 회사 선배인 코키 로버츠는 70세가 넘은 데다 유방암 진단을 받았음에도 활동을 계속했다. CNN의 특파원이자 앵커인 크리스티안 아만푸어(Christiane Amanpour) 역시 60세가 넘었지만 여전히 왕성하게 세계 각지를 다니며 활동하고 있다. 그녀는 2018년 남북 정상회담을 취재하기 위해 우리나라에 오기도 했다. 이처럼 미국에서는 아무리 고참 기자라도 현장에 나가고 직접 사람들을 만나 인터뷰한다. 그리고 그 현장 취재를 자랑스러워하며 영광으로 여긴다.

나도 이 훌륭한 선배들처럼 아주 오래오래 현장에서 뛰는 기자로 남고 싶다는 욕심이 크다. 성격상 직접 경험하고 취재하고 본 것을 분석해서 전달하는 것에 희열을 느낀다는 것을 분명히 인지하고 있고, 현장에 달려나가 그 역사의 한 부분을 지켜볼 수 있는 그 기회 자체가 가슴 뛰는 일이다. 최근 몇 년간 벌어진 역사적인 남북 정상회담들과 싱가포르와 베트남에서의 북미 정상회담 현장 취재는 길이길이 남을 추억이고, 또 앞으로도 벌어질 다이내믹한 한반도 정세는 내게 큰 설렘으로 다가오고 있다.

한 가지 안타까운 것은 요즘 현장에 나가면 내 나이대의 기자를 만나보기가 힘들다는 사실이다. 우리나라의 미디어 조직들에서는 대부분 젊은 기자들을 현장으로 내보내고, 경험을 어느 정도 쌓아 승진하면 으레 데스크를 맡든가 논설위원 자리로 이직하는 것 같다.

체력적으로 보면 사실 나도 현장 일을 그만두고 데스크로 가는 게 순리일 수도 있다. 며칠 밤을 새우거나 무거운 짐을 짊어지고 걷는 것이 예전에 비해 두 배는 더 힘들어졌고, 노안이 와서 컴퓨터 화면을 오래 보다 보면 피로감이 훅 밀려오기 일쑤다. 하지만 내게 현장과 데스크 중 선택하라고 한다면 1초의 망설임도 없이 현장을 택할 것이다. 일단 큰 사건이 터지면 그 현장에 나가고 싶어 몸이 근질근질할 것이라는 것을 너무나도 잘 알기에.

영화 〈인턴〉을 보면 로버트 드니로가 연기하는 70세 인턴 벤이 이런 말을 한다.

"경험은 늙지 않는다. 경험은 시대에 뒤떨어지지 않는다(Experience never gets old. Experience never gets out of fashion)."

완전 공감했던 대사다. 아무리 세상이 빠르게 변해도 나이 든 사람의 경험에는 시대를 관통하는 가치가 있게 마련이다. 게다가 뉴스 현장에서 필요한 것은 체력만이 아니라, 기자에게 가장 중요한 덕목 중 하나인 '좋은 질문을 할 줄 아느냐'다. 좋은 질문은 곧 많은 경험에서 나오며, 현장 상황에 대응하는 데도 경험 있는 사람이 유리하다. 우리 사회의 시니어(senior)들이 가진 경험의 가치를 좀 더 존중했으면 하는 바람이다.

내면도 외면도 아름다운 사람이 되기 위해

여성으로서, 또 미디어에 종사하는 사람으로서 나이 듦에 대한 고민도 종종 하고 있다. 특히 한국의 뉴스 프로그램에서는 언제나 젊고 단아하고 예쁜 여자 앵커가 등장한다. 남자 앵커는 연륜 있는 사람을 쓰면서 여자 앵커는 대부분 그에 비해 훨씬 어려 보이는 인물을 선정하고 같은 뉴스 프로그램 안에서도 여자 앵커는 비교적 중요도가 낮은 뉴스를 전달하는 경우가 많다.

물론 카메라 앞에 서서 남에게 보여줘야 하는 직업에서는 외모가 중요할 수밖에 없고, 용모 단정한 외모는 시청자에 대한 기본적 예의이기도 하다. 이왕이면 외모가 출중한 사람이 뉴스를 전하면 시청자들의 몰입도가 그에 비례한다는 연구결과도 있다. 그러나 유독 여성에게만은 '아름답다=젊다'라는 공식이 동시에 성립하는 것 같아 안타까울 때가 많다. 누구든 저마다의 가치와 아름다움이 있듯 나이가 들면 또 그 나이 고유의 아름다움이 존재한다고 생각한다. 주름이 생기고 예전처럼 빛나지 않을지라도 젊을 때는 가질 수 없는 깊이와 우아함을 품을 수 있으니 스스로를 관리하고 꾸미는 일에 더욱 투자하고 노력해야 할 것이다.

식상하게 들릴 수도 있겠으나 외모와 동시에 내면도 나이를 먹을수록 성장시키며 가꿔야 한다. 나이가 들수록 그 사람이 어떤 마음으로 살아왔는지가 겉으로 드러난다. 평소 인상을 많이 쓰는 사람은 미간에 주름이 생기고 많이 웃는 사람은 눈꼬리에 주름이 생기는 것처럼 인생을 살면서 우리 스스로 외면을 디자인해가는 부분이 있는 것이다. 그래서 나는 항상 긍정적인 생각으로 마음을 단련시키려고 한다. 남과 비교하지 않고 나 자신을 소중하게 여긴다. 누구에게나 크고 작은 콤플렉스는 있다. 그러나 그 콤플렉스를 안고 끝없이 침몰하느냐, 아니면 콤플렉스를 무기로 만들어 훨훨 나느냐를 결정하는 건 바로 나 자신이다.

꿈은 나이 먹지 않는다

사실 기자라는 직업으로 어느 정도 인정을 받은 후 주변에서 다양한 제안도 많이 받았다. 정계에 진출하라는 제안도 꽤 받았고, 지금보다 더 좋은 연봉 조건으로 멋지고 큰 사무실에서 편안히 앉아 일할 수 있는 기회도 여럿 있었다. 나도 사람인지라 그런 제안을 받을 때마다 마음이 흔들린 적도 없지는 않다. 하지만 선택의 순간이 올 때마다 언제나 나의 선택 기준은 '과연 내가 행복할까?'라는 것이었다.

일이라는 건 하루 중 가장 많은 시간을 할애하는 것이 아닌가. '항상 똑같은 일을 반복하며 살 수 있을까? 몇 년간의 장기 프로젝트를 끌어가며 인정받아야 하는 일을 즐겁게 할 수 있을까?' 이런 질문을 나 자신에게 던져보면 금세 답이 나왔다. 이런 고민을 지난 10년간 수도 없이 했지만 결론은 언제나 같았다. 나에게 기자라는 직업은 천직이라는 것. 형식보다 효율을 중시하는 성향을 가진 나에게 이 일은 에너지의 원천이자, 무엇보다 즐기며 할 수 있는 일인 것이다.

물론 은퇴에 대해서도 생각하지 않을 수 없다. 은퇴를 한 뒤에 나는 어떤 모습으로 살고 싶은가? 기자는 24시간 촉을 세우고 있어야 하고, 특히 외신기자는 밤낮이 따로 없기 때문에 내 시간을 자유롭게 계획하기가 쉽지 않다. 가령 북한을 둘러싼 정세가 긴박하게 돌아갈 때는 그 어떤 사적 일정이 있어도 다 내려놓고 현장에 투입된다. 계획했던 휴가도 금전적 손실을 감내하며, 여행 멤버들에게 민폐가 될지언정 과감히 접어야 했다. 체력적으로도 한계에 부딪히거나 현실이 숨 가쁘게 돌아갈 때는 나중에 은퇴한 후 자유롭고 편안하게 큰 변수 없이 시간을 보내는 상상을 해보곤 한다. 일이 아니라 완벽한 휴가 일정으로 외국에 나가 여유롭게 보고 싶고 경험하고 싶은 것들을 누리며 유유자적하는 시간에 대한 희망을 항상 품고 있다.

하지만 여전히, 아직은 때가 아니라고 생각한다. 지금 이 순간에도 어딘가에서 무슨 일이 일어났다는 소식이 들리면 심장이 뛰고 엉덩이가 들썩이기 때문이다. 이제는 머리칼도 희끗희끗하여 작년부터 머리 염색을 시작했다. 하지만 언젠가는 있는 그대로 멋진 백발을 해보고 싶다는 작은 소망이 있다.

힘이 들거나 지칠 때마다 나는 상상한다. 존경하는 선배 언론인들처럼 현장을 누비는 하얀 백발의 외면과, 하얀 백지에 세상을 있는 그대로 그려내고 있는 나이기를 간절히 바라며….